Cómo desarrollar la inteligencia de sus hijos

Cómo desarrollar la inteligencia de sus hijos es un libro escrito para los papás. Está fundamentado desde la más profunda reflexión acerca de lo que significa educar, es decir, guiar. La tarea es descubrir los dones y encauzarlos sin truncar sus sueños y sin dañar su espíritu.

Dawna Markova y Anne Powell, las autoras de esta obra, emprendieron con entusiasmo el aprendizaje de las diferentes inquietudes de la niñez y cómo se relacionan éstas con su entorno traduciendo sus vivencias en experiencias útiles.

En *Cómo desarrollar la inteligencia de sus hijos* descubra *de qué manera* es inteligente su niño, acercándose a su mente y ubicándolo entre los líderes de grupo, los acróbatas de la palabra, los dinámicos y coordinados, los viajeros de la imaginación, los de la experiencia en ver y sentir, o bien, aquellos que prefieren la demostración y el discurso. Después de todo, cada quien aprende de manera diferente.

Dawna Markova y Anne Powell

Cómo desarrollar la inteligencia de sus hijos

SELECTOR
actualidad editorial

SELECTOR
actualidad editorial

Doctor Erazo 120 **Tels. 543 70 16 - 682**
Colonia Doctores **536 30 31**
México 06720, D. F.

COMO DESARROLLAR LA INTELIGENCIA DE SUS HIJOS
How Your Child Is Smart: a life-changing approach to learning

Traducción: Vicente F. Herrasti
Diseño de portada: Carlos Varela
Ilustración de interiores: Irina Botcharova

ISBN-13: 978-968-403-887-5
ISBN-10: 968-403-887-9

Décima Novena reimpresión. Abril de 2011.

Contenido

PRÓLOGO

Cualquiera que ponga atención a los acontecimientos diarios sabe que en todo el mundo hay problemas. Las condiciones de nuestras ciudades muestran una profunda fragmentación, desarticulación, desencanto, desesperanza e ira. Éstos son problemas graves. Sabemos que todo esto afecta nuestros corazones; sin embargo, no estamos seguros de poder hacer algo (si es que hay solución).

Paso la mayor parte de mi tiempo trabajando en asuntos de índole comercial en los que, principalmente, se toma en cuenta la competitividad internacional, la "calidad total", la productividad y el incremento del poder. Muchos de nosotros, tanto los teóricos como los pragmáticos, llegamos a creer que el verdadero reto se encuentra detrás de las palabras —es decir, consiste en aprender a aprender juntos—. La búsqueda real debe orientarse a las "organizaciones de aprendizaje", organizaciones que continuamente generan conocimiento —pues el conocimiento, la innovación y la capacidad de crear son las únicas fuentes confiables de ventaja competitiva en un mundo de cambio acelerado y creciente interdependencia.

Existe un problema. La mayoría de nosotros hemos olvidado lo que alguna vez supimos; hemos olvidado vivir la vida como aprendices. Y esto no es una mera coincidencia. He aquí la relación existente entre la descomposición de nuestras comunidades y los torpes esfuerzos en pos de la competitividad global.

"Nuestro sistema de administración prevaleciente ha destruido a la gente," afirma el venerable pionero de la administración de calidad, el Dr. W. Edwards Deming. "La gente nace con motivaciones intrínsecas, con autoestima, dignidad, con curiosidad por el aprendizaje alegre. La destrucción de todo esto comienza cuando se es un niño que apenas camina —con los premios al mejor disfraz de *Halloween*, las calificaciones escolares, las estrellas en la frente—, y se prolonga hasta la época universitaria. En el campo laboral, las personas, los equipos y las divisiones se clasifican, es decir, se ofrecen recompensas para los de arriba y se imponen castigos para los de abajo."

El "sistema de administración" señalado por Deming no es algo que se enseñe exclusivamente en las escuelas comerciales o en las compañías que aparecen entre las 500 más importantes de la revista *Fortune*. Se trata de un sistema cultural muy arraigado de creencias y prácticas que se manifiesta en las instituciones sociales y que resulta ajeno a la naturaleza humana. Los seres humanos están diseñados para aprender. "El instinto de aprendizaje", comenta el antropólogo Edward T. Hall, "es aún más básico que el instinto reproductor". Nuestras instituciones sociales básicas, el trabajo y la escuela, están diseñadas para controlar —y si se toma en cuenta la desintegración de las estructuras familiares, estas instituciones incrementan su importancia en el establecimiento de normas y conductas sociales—. El niño aprende que la escuela no tiene que ver con el aprendizaje. La escuela consiste en no cometer errores, en obtener las respuestas correctas y en ganar aprobación y evitar la desaprobación. Éstas son las mismas lecciones que aprende quien trabaja por primera vez. No te equivoques, haz lo que te diga, si alguien comete un error asegúrate de que no te culpen por ello y, a toda costa, procura tener una buena apariencia.

Esta profunda discordancia entre nuestro instinto básico de aprendizaje y la tendencia controladora de nuestras instituciones, trunca el desenvolvimiento continuo de nuestra curiosidad natural, de la capacidad de invención, del amor por la experimentación, la capacidad de asombro y del sentido de las relaciones. En un momento dado, las cicatrices son igualmente severas para aquellos que "triunfaron" en el sistema "educativo" y para los fracasados. Los "ganadores" están tan seguros de lo que saben y de "estar bien" que se convierten en lo que Chris Argyris, de la Universidad de Harvard, definió a la perfección: "personas inteligentes que no pueden aprender". Ellos forman los más altos rangos de nuestras organizaciones y refuerzan las normas predominantes de la buena apariencia, del estar bien y del autocontrol. Los "perdedores" son, en opinión de los "triunfadores", la gran mayoría de la gente joven y se convierten en fracasos perpetuos etiquetados como incapaces.

Le estamos fallando a nuestros hijos y ninguna sociedad puede hacer eso por mucho tiempo sin pagar el precio.

Muchos de los que enfrentan la naturaleza intrínseca de nuestros problemas gritan que la solución está en la "reforma educativa". Pero no se puede "reformar" una estructura que, en primer lugar, nunca fue diseñada para aprender.

Más aún, el movimiento pro "reforma educativa" no es capaz de definir el problema sino como algo que "está allí", como algo causado por maestros incompetentes, por burócratas conformistas o por falta de fondos. Nos absuelve de la responsabilidad que conlleva la verdadera labor: reconstruir el sistema de modo que nuestros hijos se eduquen de principio a fin. Esto implica el cuestionar lo que se da por hecho, como por ejemplo la asunción general de que algunos niños son inteligentes y otros no. También implica el emplearse a fondo en un proceso recíproco de reflexión consciente, entendiendo la manera singular en que cada uno de nosotros aprende, tanto los adultos como los niños. Se requiere confrontar el dolor que todos hemos padecido en la escuela y en el trabajo cuando descubrimos que, en realidad, a nadie le importan nuestras ideas, preguntas o sueños. Ésta no es una labor que pueda delegarse. Todos tendremos que volver a formarnos en fila de la sagrada condición de aprendices.

Dawna Markova comenzó a escribir este libro para los maestros y educadores. Pero ella y la coautora, Anne Powell, descubrieron que el ímpetu requerido para esa clase de cambio debe provenir de los padres, "los primeros y más celosos guardianes de la mente de nuestros niños".

Este libro se escribió para nosotros los que desempeñamos el papel de padres y que formamos parte de una comunidad en problemas. Es una invitación para reincorporarnos a la que quizá es la más antigua de nuestras responsabilidades sociales: guiar a los jóvenes. Al hacerlo tal vez logremos redescubrir el significado de un antiguo proverbio africano que dice: "Se requiere de toda una aldea para criar un niño".

Puede ser que también comencemos a redescubrir el significado original de la palabra "educar", que proviene del latín *educare,* guiar. Si algo se necesita en la sociedad de nuestro tiempo, es la capacidad de guiarnos a nosotros mismos.

Peter M. Senge
Centro para el Aprendizaje
Organizacional, MIT

Introducción

No se trata de saber qué tan inteligente es su niño, sino de qué manera es inteligente

Escribimos este libro como padres de familia. Escribimos este libro para los padres de familia y para las demás personas que guían a los niños: los tutores, amigos, maestros, parientes, consejeros. Escribimos este libro porque muchos de nosotros hemos permanecido demasiado tiempo en el lugar equivocado. Creemos que ha llegado el momento de que los padres rompan su silencio y hablen entre sí y con el personal escolar sobre lo que *sí* sabemos en relación con las habilidades y necesidades de nuestros hijos. Creemos que es tiempo de unir fuerzas y dejarnos llevar, no por las pruebas estandarizadas y los expertos que nunca han conocido a nuestros niños, sino por aquello que nosotros y nuestros niños sabemos de cierto.

Hemos escrito este libro para cambiar radicalmente la manera en que usted y las escuelas han sido enseñados a pensar sobre las habilidades de sus niños. Lo hemos escrito para brindarles mayor capacidad sin ser pretenciosos. No queremos cambiarlos. No queremos cambiar a sus niños. En cambio, queremos cambiar la manera en que ambos piensan sobre lo que son y no son capaces de hacer, aprender y saber.

En principio, pensamos que este libro estaría dirigido a educadores. Comprendemos a los maestros. Somos maestros. Conocemos la presión que implica el cargar con tanta responsabilidad teniendo tan poco apoyo: el número de alumnos por clase aumenta, los servicios, implementos y seguridad disminuyen. Pero hemos llegado a la conclusión de que la iniciativa para el cambio debe provenir de los padres, los primeros y más celosos guardianes de la mente de nuestros niños.

No ha sido nuestra intención el alentar una revolución en contra de las escuelas o maestros. Al contrario, creemos que este acercamiento a la comprensión de cómo piensan, aprenden y se comunican los niños puede ser muy útil para lograr una educación de calidad. Siendo así, este libro no se dirige en exclusiva a los padres, pero creemos que ellos enseñarán el camino que conduce a la creación de las bases necesarias para el cambio dentro de las escuelas.

Comprendemos a los padres. Somos padres. Entendemos tanto el compromiso inquebrantable para con sus hijos como su frustración. *Es* posible cambiar las cosas. Todo lo que existe en el mundo del esfuerzo humano fue creado por alguien que se rehusó a aceptar lo inaceptable. En las páginas siguientes quisiéramos ayudarle a encontrar la fuerza que apoye la autoridad de su propia experiencia y que sea congruente con el objetivo último de sus deberes como padre. Deseamos alentarlo para tomar la responsabilidad de apoyar un sistema educativo que valore la gran importancia de la diversidad en el proceso de aprendizaje.

El material que contiene este libro se basa en años de experiencia, dentro y fuera del salón de clases. Se apoya en la psicología clínica y educacional, en las modalidades perceptivas, en la teoría del aprendizaje, en la hipnoterapia y en la terapia del arte expresivo, pero no es una obra teórica. La obra está diseñada para ser accesible y útil para cualquier padre, sin importar sus antecedentes educativos.

Este libro no pretende ser su guía, sino servirle como compañero cuando usted dirija su propia curiosidad hacia los diversos talentos, logros y necesidades educativas de sus hijos. En ellos existen dones y habilidades que pueden permanecer ocultos. Puede ser que esas habilidades no se hayan desarrollado en toda su capacidad. Le ofrecemos este libro como aliado para ayudarle a usted, y a todos los que se relacionen con sus hijos, a descubrir las capacidades únicas y percatarse de qué manera sus hijos son inteligentes.

Un comentario de Dawna:

He estado aprendiendo sobre el aprendizaje mismo desde hace casi 50 años: como estudiante, maestra, padre, psicoterapeuta y como consultora educacional. En las pasadas tres décadas, he enseñado en los niveles que van desde el preescolar hasta el doctorado, tanto en escuelas públicas del centro de Nueva York como en campos de trabajo para inmigrantes, escuelas rurales de New Hampshire y suburbios neoyorkinos. He trabajado como maestra de escuela, especialista en procesos de aprendizaje, maestra de los futuros maestros, coordinadora de tesis de licenciatura y psicóloga educacional. Lo que más me gusta es trabajar con los niños a quienes nadie ha querido enseñar, con los llamados "casos desesperados" a los que se han impuesto más etiquetas que a la mismísima sopa Campbell's. En lugar de darme por vencida con ellos, he intentado darles el regalo de su propio ser, enseñándoles cómo utilizar y confiar en su propia mente.

Desde que escribí *El arte de lo posible: una aproximación compasiva para entender cómo la gente piensa, aprende y se comunica,* he sido acosada por padres apasionados que quieren aprender a entender a sus hijos y hacer que sus hijos los entiendan a ellos. Sienten que la educación está fallando y se quejan de que, incluso aquellos niños que parecen "tener éxito" en la escuela, utilizan solamente una pequeña porción de sus habilidades, pierden su autoestima rápidamente y se vuelven resignados y cínicos.

Me preocupan mucho los niños. Y no me gusta lo que les estamos haciendo en las escuelas. No me gusta nada. Me rehúso a optar por la resignación. Me rehúso a seguir esperando que las cosas mejoren o a que alguna otra persona haga algo. Me rehúso a aceptar lo inaceptable.

Estoy comprometida con ayudar a personas de cualesquiera edad para aprender cómo acceder a los recursos internos que ya han desarrollado al máximo. Quiero ayudar a que los padres ayuden a sus hijos para aprender a usar su mente integral, alegre y creativamente en lugar de abusar, desperdiciar o rehusar la ayuda a esos niños.

Un comentario de Anne:

Mi profundo amor y respeto por los niños, mi fe apasionada en que el aprendizaje puede ser un proceso enriquecedor, que dure a lo largo de toda la vida, me llevó a escribir este libro. Mi actitud al escribirlo fue la de una estudiante que ha experimentado la más profunda experiencia educativa de su vida cuando Dawna le enseñó cómo funciona su mente. También fui la madre que ha apoyado el crecimiento y la vitalidad de su hijo durante seis años, madre que está determinada a cerciorarse de que su curiosidad sea alentada, no frustrada, por la escuela. Fui también la maestra con 10 años de ejercicio que experimentó muchos momentos mágicos en el salón de clases, sobre todo cuando, intuitivamente, traté de hacer la diferencia positiva para que algunos niños pudieran descubrir el sentido de sí mismos y sus potencialidades. Fui también la maestra de maestros que intenta comunicar algunas claves sencillas que pueden ser útiles en las situaciones más comunes. Además, al escribir este libro, fui la mujer que conoce la frustración de haber tratado de implementar cambios duraderos en un sistema educativo sobrecargado, cambios que beneficiarían a todos los roles mencionados líneas arriba.

Durante los últimos cinco años, con el apoyo y la guía de Dawna, he enseñado a varios cientos de individuos cómo funcionan los patrones de pensamiento. Gracias a los fondos obtenidos por medio de una beca que otorgó el Commonwealth Inservice Institute, trabajé con maestros de escuela, maestros de educación especial y el psicólogo de la Escuela Primaria Brimfield, en Massachusetts, durante el periodo escolar 1989-1990.

Los maestros comenzaron a identificar los patrones de pensamiento de sus alumnos y aprendieron a planear lecciones que pudieran satisfacer mejor las diversas necesidades de los niños que estaban bajo su cuidado. En Dracut, Massachusetts, enseñé este sistema a maestros de primaria y secundaria, como parte de un programa de prevención para evitar la ingestión de sustancias tóxicas, en una escuela de la localidad. En tan sólo tres sesiones, fuimos capaces de proveer a los maestros con una visión profunda y muchas sugerencias sobre cómo adaptar sus estilos pedagógicos e incrementar su efectividad en los casos de los alumnos que padecían este tipo de problemas.

Al trabajar con personas diversas, padres e hijos, maestros y autoridades escolares, he vivido también el penetrante y natural deseo humano por comprenderse a sí mismo y a los demás. La idea de que padres y maestros son adversarios es inexacta, deshumanizante y debilitadora para todos nosotros. Mi experiencia demuestra que el sentido común y la información accesible pueden ayudarnos a encontrar el camino que nos lleve de regreso a la compasión y el apoyo mutuos; este camino puede convertirse en un puente que nos lleve a nuestro objetivo común: apoyar el desenvolvimiento de las mentes de nuestros niños.

Tengo la esperanza de que, al leer este libro, usted pueda aprender cómo aprenden sus hijos, revalorizar muchas de las cosas que usted ya sabe sobre la mente de sus hijos bajo una nueva luz y encontrar el apoyo, el valor y la capacidad de compartir lo que usted sabe con los maestros de sus hijos. Espero que los maestros, por su parte, puedan utilizar esta información para aprender a gozar mucho más de los niños en el salón de clases y ayudarlos a maximizar sus potencialidades.

Un comentario de Dawna y Anne:

No hay duda de que la educación en estos momentos atraviesa por una profunda crisis. Sin embargo, no hay escasez de soluciones ofrecidas por los expertos. En el fondo de todo, creemos que nuestras escuelas están fallando porque no saben cómo facilitar la enseñanza. Aprender no es solamente adquirir nueva información —de hecho, eso es sólo una mínima parte del proceso—. Aprender también es ayudar a que los niños expandan su capacidad de ser efectivos en la vida. Esto significa enseñarles a desarrollar una relación de confianza con su propia mente, de modo que puedan generar nuevas posibilidades y así crear, relacionarse y lograr la diferencia.

Para cambiar las cosas, los padres y maestros necesitan pasar de ser los "expertos en aprendizaje" para convertirse en profesionales que faciliten el aprendizaje. Debemos concentrarnos más en aprender cómo aprenden nuestros niños en lugar de tratar de controlar su mente para que adquieran información que será caduca antes de que pueda siquiera ser integral. Esto implica el comenzar a reconocer, venerar y respetar.

Capítulo 1

Pensando el pensamiento: Cómo funciona la mente de su hijo

Tocando en el tono apropiado

Nuestras mentes se parecen mucho a los instrumentos de una orquesta. Los instrumentos musicales no producen sonidos de la misma manera. Todos producen sonidos, pues son instrumentos musicales, pero un violín se toca de manera muy distinta a un trombón.

¿Qué sucedería si en el primer día de clases su hijo entrara al salón cargando un violín, mientras que su maestro lleva una flauta creyendo que todos los instrumentos deben tocarse de la misma manera? El maestro podría decir algo como: "Bien niños, llévense sus instrumentos a los labios y soplen".

Por supuesto que su hijo enfrentaría grandes problemas. Le asignarían tarea especial y le dirían que se empeñara más. Usted trataría de ayudar. Usted, puesto que le han enseñado que todos los instrumentos se tocan de la misma manera, tomaría su instrumento, digamos que una trompeta, se la llevaría a los labios y soplaría. Johnnie haría su mejor esfuerzo, pero no lograría arrancar un solo sonido a su violín. Finalmente, sería examinado, se le compararía con todos los demás niños que tocan trompetas y flautas, armónicas y trombones a lo largo de todo el país. Es obvio que Johnnie caería en el porcentaje más bajo de la escala, junto con los otros niños que tocan violines y tambores.

Los años que se invirtieran en ayudar a Johnnie no lograrían producir más que sonidos débiles y extraños, pero su amor por el aprendizaje, la autoestima y la confianza básica en su instrumento resultaría dañada.

La historia no tiene por qué terminar ahí. Un día, la mamá de Johnnie lee este libro y descubre que Johnnie necesita un arco para tocar su instrumento. Encuentra un arco lleno de polvo en el ático. También se da cuenta de que Sid, el tío de Johnnie tiene un instrumento muy similar, y que lo toca bastante bien, y luego... (¡Su imaginación puede completar la historia!)

Cambiando su mente

Quisiera compartir con usted algo de lo que he aprendido sobre la manera en que la mente procesa la información, de modo que usted pueda comprender cómo su hijo o hija usa este instrumento para aprender, pensar y comunicarse. Cuando comencé a estudiar hipnoterapia, me di cuenta de que la mente digiere el pensamiento moviéndolo a través de sí misma con tres métodos o estados de conciencia distintos: el consciente, el subconsciente y el inconsciente. Cada estado mental tiene sus funciones particulares en el aprendizaje.

Si comparamos el proceso de aprendizaje con el sistema digestivo, el estado mental consciente es como la boca: es ahí donde comienza el aprendizaje; es la puerta de entrada al resto del sistema mental, el lugar en donde la información es masticada mientras la mente organiza la manera de metabolizar cada detalle. En el estado mental consciente, las mentes infatiles organizan, establecen prioridades, evalúan y expresan la información con más facilidad. Cuando un niño no puede pensar en esta modalidad de pensamiento, el mundo se convierte en un remolino caótico.

Es común pensar que los niños aprenden y ponen atención cuando piensan en este estado de conciencia mental, pero eso sería como decir que cuando metemos comida en la boca estamos comiendo. Éste es sólo el principio del proceso de aprendizaje/digestión, y únicamente una pequeña porción de nuestro cerebro está dedicada a esta función. La naturaleza no fue estúpida pues nos dio la capacidad para pensar de muchas maneras para atender propósitos muy diversos.

Cuando los niños se encuentran en el estado mental consciente están alertas, con la atención puesta en el mundo exterior y en los sucesos ocurridos en él; es como si estuvieran sentados en el borde de sus asientos observando todo lo que pasa, reteniendo cada palabra.

Para resumir, en el estado mental consciente:

- Los niños se sienten más alertas y despiertos.
- Ponen atención fácilmente a todo lo que sucede a su alrededor.
- La información parece ser absorbida más fácilmente.

- Los niños se expresan confortablemente en público.
- Pueden ser lógicos, organizar detalles y concentrarse en el tema tratado.

El estado mental subconsciente es aquel donde los niños examinan cuidadosamente las cosas. Para continuar con la metáfora digestiva, este estado es como el estómago: el lugar donde lo ingerido se mezcla y comienza a digerirse. La comida no es la misma que entró al sistema, pero tampoco está lista para ser asimilada por el cuerpo.

En esta etapa del proceso de aprendizaje, los niños hacen una pausa para considerar la información que ingresa al sistema, sopesándola cuidadosamente de modo que puedan darse cuenta de cómo se ajusta o coincide con lo que han aprendido antes. Es aquí donde se generan las preguntas, donde los hechos luchan con sus sentimientos, donde se ven los sucesos desde varias perspectivas. Esta parte de su mente es como un servicio de transporte que lleva lo que reciben de la mente consciente a los bancos de memoria de la mente subconsciente. También transporta lo que ya se aprendió a la bodega de su mente subconsciente y, llegado el momento, la información requerida se transporta a la mente consciente para su uso diario.

La mente subconsciente es aquella en que los niños advierten tanto la información que penetra del mundo exterior como su marco interno de referencia. Nos ayuda a pasar del estado de alerta al de profundo relajamiento, y del relajamiento a la expresión activa. Sin esta función, su mente tendría que tragar todo completo.

Para resumir, en el estado mental subconsciente:

- Los niños examinan cuidadosamente la información.
- Le mueven entre los estados de alerta y relajación.
- Pueden poner atención al exterior y al interior al mismo tiempo.
- Pueden confundirse fácilmente.

El estado inconsciente es aquel en que se integra lo que los niños ya han aprendido con lo que aprenden en el momento. Se llevan recuerdos a la memoria y se establecen conexiones a nivel muy profundo. Esta manera de pensar está diseñada para construir patrones al acomodar y reacomodar la experiencia en muchas formas y comunicar cómo podrían ser las cosas. Es como los intestinos de la mente, mismos que cambian constantemente la forma de lo que se ha digerido y distribuyen los nutrientes a cada parte del cuerpo. Si la mente racional se dedica a organizar la información en significados detallados, este modo de pensamiento se dedica a crear mensajes indirectamente por medio de los sueños, símbolos, imaginería y analogía, proyectándolos hacia varias direcciones al mismo tiempo. Aquí circula el pensamiento; se ocupa de las situaciones como un todo. Sin la habilidad para pensar inconscientemente, la vida de un niño sería estéril, carente de creatividad e invención, aislada y aburrida.

Para resumir, en el estado mental inconsciente:

- Los niños se desarrollan en un gran espacio mental.
- Piensan en privado, íntima y tímidamente.
- Perciben la situación global en lugar de los detalles.
- Logran conexiones creativas.

Me parece atinado usar las figuras del triángulo, el cuadrado y el círculo para referirme a cada estado de conciencia. El siguiente diagrama une todos estos conceptos. La flecha indica el movimiento interno del pensamiento mientras la mente recibe y procesa la información y el movimiento hacia el exterior al producir, expresar y transmitir ideas.

En realidad, todos nos movemos dentro de estos tres estados de conciencia todo el tiempo y en fracciones de segundo; son activados constantemente por la información sensorial que se atraviesa en nuestro camino.

Crear

Modo receptivo inconsciente

Aprender **Recordar**

Imaginación, intuición

Modo subconsciente analítico

Modo consciente organizacional

Ingreso **Expresión**

El esquema de aprendizaje

Como ejemplo, entremos al salón de clases: la señora Jones imparte una clase sobre fracciones. Miguel parece poner atención, sentado en el borde de su asiento, listo para preguntar y responder la siguiente pregunta. En cambio, Alexandra dibuja un intrincado laberinto en la cubierta azul de su cuaderno. Al mismo tiempo, Wai Lap permanece inmóvil mirando a través de la ventana, dando la impresión de no estar poniendo atención. Cuando la señora Jones le llama la atención parece como si regresara desde Saturno a bordo del transbordador espacial. La maestra podría sentirse frustrada al pensar que Miguel es el único que comprende lo que ella trata de explicar. No se percata de que cada uno de estos estudiantes digiere de distintas maneras lo que ella trata de enseñar; cada uno se encuentra en un estado de conciencia diferente. Tampoco se da cuenta de que su método expositivo sobre fracciones estimula todas esas maneras de pensar.

Miguel, quien escucha a la señora Jones, absorbe la información *conscientemente* y hace las preguntas necesarias para comprender lo que se dice. Alexandra, quien se entretiene mientras la señora Jones habla, procesa *subconscientemente* lo que escucha. Su mente escudriña la información tratando de determinar qué es relevante para ella y cómo se relaciona con sus experiencias pasadas.

Wai Lap, quien mira por la ventana, procesa la lección de la señora Jones *inconscientemente.* Puede estar pensando en una fracción de pastel que comió la noche anterior, o en su victoria del mes pasado en una prueba de natación por sólo una fracción de segundo. Tal vez imagina un caleidoscopio que forma patrones a partir de fracciones de vidrio.

Pensar el pensamiento

Consideremos que un pensamiento es como el agua. Si uno no lo piensa mucho, el agua es algo que sirve para lavar, para beber o para cepillar los dientes. Pero si se considera el asunto con mayor profundidad, se dará cuenta de que la forma del agua cambia constantemente, evaporándose para formar nubes, cayendo sobre su paraguas, corriendo en un arroyo que alimenta el manantial que brota detrás de su casa. Sigue siendo agua pero su forma cambia.

De acuerdo con mi experiencia, el pensamiento también cambia de forma al moverse en el cerebro, pasando de un estado de conciencia a otro. La mayoría de quienes estamos familiarizados con las computadoras entendemos que usan distintas clases de lenguaje para procesar la información, como por ejemplo el Fortran, el Pascal, el Basic, etc. Lo que hace fascinante a la mente humana es que usa tres lenguajes distintos para pensar. No me refiero al francés, húngaro o swahili. Me refiero a los lenguajes visual, auditivo y a la cinestesia imaginativa. A continuación explicaré en detalle el objetivo de cada uno:

Visual:

Tiene como objetivo las imágenes del mundo exterior, las imágenes visuales internas y las creaciones que pueden verse (leer, dibujar, escribir, diseñar, etcétera);

Auditivo:

Su objetivo es escuchar el mundo exterior, las voces y sonidos internos y expresar lo que puede escucharse (el habla, el canto, la composición musical, etcétera);

Cinestésico:

Su objetivo es sentir el mundo exterior, los sentimientos o sensaciones corporales y el movimiento y sucesos del mundo (tocar, las acciones, la experiencia, el modelado, etcétera).

Cuando la mente de un niño mueve un pensamiento de la consciencia a la subconsciencia y de la subconsciencia a la inconciencia, *cambia el lenguaje (o software) que utiliza para pensar en cada estado.* En la mente de Miguel, por ejemplo, comenzó siendo auditivo —escuchó la descripción de la señora Jones y se explicó a sí mismo el significado de lo que ella decía (consciente y auditivamente); luego su mente cambió la explicación para convertirla en una imagen al analizar la información para hacerla relevante— vio lo que ella decía (subconsciente y visualmente) y, por último, se relajó por un momento, ausentándose del mundo exterior, y recordó inconscientemente una experiencia que tuvo al cortar un pastel (inconsciente y cinestésicamente). Si él se quedara en ese estado mental, probablemente habría tejido una red que lo llevaría a otros estados cinestésicos, como por ejemplo la primera rebanada de pastel que se comió.

Ninguno de estos estados es "el pensamiento" como tal. Lo importante es *cómo el pensamiento se movió a través de su mente.* O cómo dejó de moverse. O cómo podría haberse movido. Yo utilizo la frase "procesamiento perceptivo" para describir esta coreografía natural del pensamiento. En la totalidad de nuestra mente, cada uno de los tres canales perceptivos (el cinestésico, el auditivo y el visual) está ligado a uno de los tres estados de conciencia por medio de los cuales se mueve el pensamiento.

Para aclarar su explicación, la señora Jones usa su canal auditivo. Debido a que la mente de Miguel usa el canal auditivo para pensar conscientemente, las explicaciones verbales le provocan un estado de alerta mayor. Pero el canal auditivo de Alexandra está ligado a su subconsciente, de manera que las palabras de la señora Jones le inducen a un estado de análisis confuso. Nuestra perdida Wai Lap tiene el canal auditivo conectado al inconsciente, de manera que todas las palabras disparan su pensamiento inconsciente, la parte más profunda de su mente, haciendo que parezca estar “en las nubes”.

Al explorar los caminos que siguen los niños para llevar a cabo las cosas simples de todos los días, usted puede comenzar a entender las distintas maneras de funcionar de que dispone su mente. Por ejemplo, si tres niños entran en un salón de clases nuevo, lo primero que Jordan nota (su mente consciente) es lo que los demás niños hacen en ese momento —canal cinestésico—. Por otra parte, Thomas pone más atención en lo que los demás están diciendo (su mente consciente utiliza el canal auditivo). En principio, Max mira alrededor para determinar qué es lo más interesante (utiliza conscientemente el canal visual).

Consideremos ahora la manera en que los niños se organizan. En las escuelas, se discute como si el proceso fuera el mismo para todos. De hecho, el percatarse de los detalles y priorizar actividades puede hacerse de diversas maneras: Jorge puede ser un niño que necesita escribir cada tarea que se le encomienda y tal vez necesite referirse a su lista en orden para hacer las cosas; esto se debe a que su mente organiza las cosas visualmente. Puede que a Teri le guste organizarse para el trabajo vespertino al hablar por teléfono y contarle a sus amigos lo que tiene que hacer y en qué orden va a hacerlo; su mente organiza las actividades auditivamente. Nanci puede hacer pilas con sus libros y papeles para trabajar cada cosa en su momento hasta que la labor se complete, es decir, organiza su mundo cinestésicamente.

El proceso de recordar es también distinto para cada niño, ya sea que se trate de recordar el número telefónico de alguien o un recuerdo de su último cumpleaños. Juanita ve el número que está marcando como si estuviera impreso en una pequeña pantalla desplegada en su cabeza (visualmente). Joshua escucha una voz que dicta los números dentro de su mente (auditivamente). Leonard recuerda al sostener el teléfono en sus manos, al momento mismo en que pulsa los botones o gira el disco en su mente (cinestésicamente).

También hay una gran variedad de maneras que los niños eligen para expresar quiénes son y qué saben. En una familia, Donna puede ser quien entretiene, la que hace reír a todos con sus bromas, canciones e historias a la hora de la cena; Raquel puede ser la atleta, siempre yendo y viniendo del entrenamiento y los encuentros deportivos, sin importar si el deporte que practica es el futbol, el basquetbol o el atletismo. Daniel puede ser el artista, entretenido siempre con sus pinturas, con plastilina o madera, exponiendo su última obra maestra en la puerta del refrigerador o en el librero.

La educación y las diferencias individuales

En el pasado reciente, los educadores se han ido percatando de la importancia que tienen las diferencias en los estilos de aprendizaje. Marie Carbo, Rita Dunn, Kenneth Dunn y otros, han investigado este tema desde finales de la década de los sesentas en la Universidad de St. John en Nueva York. Han demostrado categóricamente que los niños aprenden de distinta manera y que su éxito escolar depende de que se les enseñe en un estilo que corresponda a su estilo de aprendizaje: "No existe un estilo que sea mejor que otro; hay muchas aproximaciones distintas, algunas de las cuales son efectivas con ciertos niños e inútiles con otros. Cada joven aprende de manera distinta a todos los demás y lo que determina quién aprende y qué aprende, depende de la relación correcta entre el método de aprendizaje del alumno y el sistema de enseñanza del maestro."

Anne recuerda el momento en que se acercó por vez primera a los estilos de aprendizaje: "Como maes-

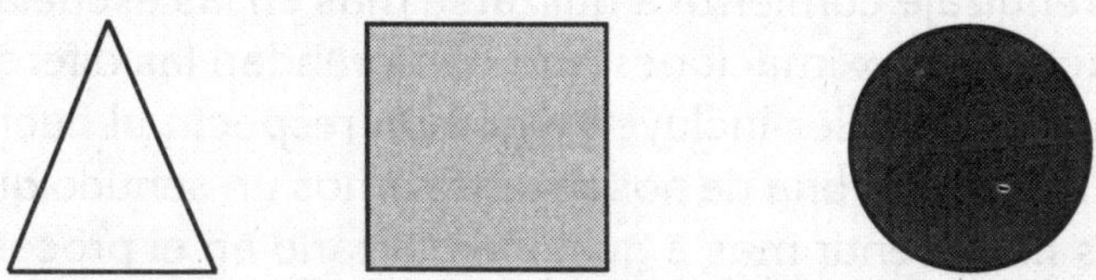

Consciente	**Subconsciente**	**Inconsciente**	
Visual	Auditivo	Cinestésico	(VAC)
Visual	Cinestésico	Auditivo	(VCA)
Auditivo	Cinestésico	Visual	(ACV)
Auditivo	Visual	Cinestésico	(AVC)
Cinestésico	Visual	Auditivo	(CVA)
Cinestésico	Auditivo	Visual	(CAV)

tra en los setentas, me emocionaba entrenarme para reconocer las diferencias individuales de los alumnos. Estudié las 18 variables presentadas por Dunn y su equipo de investigación. Entrevisté a muchos de mis alumnos utilizando el inventario de estilos de aprendizaje en combinación con su trabajo. Eso constituyó una base interesante pero, aun contando con toda esta información, me faltaba saber cómo aplicar lo que aprendía sobre cada niño y cómo satisfacer todas esas necesidades al mismo tiempo en la vida diaria del aula. Era abrumador el tener que considerar tantas variables; así que volví a hacer lo que siempre había hecho —enseñar a los niños con el método que me parecía apropiado, es decir, con el método mediante el cual yo aprendí."

Recientemente, la información sobre los estilos de aprendizaje comienza a utilizarse más en las escuelas. Muchas aproximaciones que comprenden las diferencias individuales incluyen algo con respecto al hecho de que la mayoría de nosotros tenemos un sentido que nos hace sentir más a gusto al utilizarlo en el proceso de aprendizaje. No es raro oír hablar sobre los alumnos auditivos, visuales y cinestésicos. La comprensión básica de que estas tres preferencias de percepción son la base de las diferencias en el aprendizaje es un gran adelanto.

Pero sólo se trata del primer paso. No es suficiente decir que su niño es un aprendiz cinestésico, auditivo o visual. Es necesario entender todo el sistema que su niño usa para digerir la experiencia —cómo se mueve el pensamiento en su mente consciente, subconsciente e inconsciente.

En el salón de clase que pusimos como ejemplo

con la señora Jones, si usted sólo supiera que Wai Lap es un alumno cinestésico, únicamente podría darle un rompecabezas de fracciones para armarlo por separado, lo cual probablemente lo mantendría alerta, pero si no sabe cómo funciona el canal auditivo en relación con su mente inconsciente, nunca comprendería por qué él se relaja cuando la señora Jones habla sin parar.

Asimismo, si la señora Jones no comprende todo el sistema con que su mente trabajó, podría hablarle a Wai Lap en un tono muy crítico cuando el niño no pudiera responder a sus preguntas. Debido a que es tan sensible a lo que escucha, esto podría dañar su autoestima; el niño saldría del salón de clases pensando que es estúpido mientras la maestra le comentaría al consejero lo desatento que Wai Lap se mostró en clase.

Los seis patrones individuales de pensamiento

Los niños necesitan utilizar los tres canales para poder aprender efectivamente. En consecuencia, nuestras diferencias no constituyen el orden que nuestras mentes usan para aprender, sino el orden en que prefieren hacerlo.

Cuando el proceso sigue una secuencia determinada, es más fácil retener y obtener la información —cuando la información se recibe primero por medio de la mente consciente, luego se clasifica en la mente subconsciente para después ser integrada por nuestro inconsciente—. Lo que hace distintos entre sí a los instrumentos es la manera en que se ligan cada uno de estos tres estados de conciencia a los tres canales de pensamiento (visual, auditivo y cinestésico). Existen seis combinaciones posibles. Estas seis combinaciones son lo que yo llamo patrones de pensamiento personal, modos distintos para mover el pensamiento, para metabolizar, digerir y procesar la experiencia.

En estos patrones se reflejan nuestras diferentes maneras de hacer las cosas. Estos patrones determinan la manera más cómoda y efectiva para aprender algo. Éstos son los patrones que hacen de la mente de Johnnie un violín, mientras que convierten a la de su madre en una trompeta.

No tengo idea de por qué el cerebro de una persona elige un patrón particular, pero parece que la manera más eficiente para el funcionamiento del cerebro humano es seguir un camino de percepción cuando procesa los pensamientos, por razones muy similares a las que usamos para caminar por las banquetas. En algún punto de la vida infantil, usualmente el primer grado, un camino particular se convierte en el preferido para digerir la experiencia. El cambiar este camino constantemente sería tan confuso para nosotros como si cada día tuviéramos que cambiar de derechos a zurdos.

Aunque las mentes de ciertos niños parecen seguir un patrón particular en la edad temprana, suele ser muy difícil determinar la preferencia perceptiva hasta que el niño ha madurado neurológicamente. Esto varía con cada niño. Por favor ponga atención mientras su hijo crece y cambia, permitiendo que sus ideas sobre su manera de pensar también crezcan y cambien.

Patrones de pensamiento que fluyen del interior al exterior

Para que usted pueda experimentar el funcionamiento de estos patrones, me gustaría invitarle a que siga su propia mente durante unos minutos:

Fíjese en cómo piensa con respecto a algo: no en el contenido de sus pensamientos sino en el proceso que utiliza para pensarlo. Por ejemplo, si le pido que piense en la primera vez que experimentó a su niño en el hospital, podría decirme que: "Eran las siete y media de la mañana de un día 15 de noviembre de 1985, y el sol comenzaba a elevarse. Apenas llevaba cuatro horas de parto cuando el doctor recostó a Melissa sobre mi pecho. Ella era la más pequeña de mis tres hijos, pesando solamente dos kilos, mientras que sus hermanos habían pesado casi tres..." Eso sería contarme el contenido de sus pensamientos.

Si en lugar de lo anterior usted se da cuenta de que al pensar en Melissa ese primer día, recuerda lo ligera que se sentía sobre sus brazos, el calor que emanaba de su cuerpo, que después escuchó los sonidos de su llanto y la voz del doctor, que puede ver una imagen clara de sus pequeñas manos a la luz matinal, eso sí sería fijarse en cómo piensa ese recuerdo. Fijarse en el proceso significa fijarse en cómo piensa con respecto al contenido.

Al principio, este modo de poner atención a los procesos de pensamiento puede parecerle tan extraño como el hecho de cargar un bebé por vez primera. Sea paciente consigo mismo, respire profundo y siéntase cómodo con el método. Fíjese en el proceso que utiliza para pensar en la vez primera que cargó a su hijo.

He aquí un ejemplo. Cuando pienso en la vez primera que cargué a David, me viene una imagen visual que dura una fracción de segundo: veo su rostro envuelto en una sábana. Si penetro un poco más en mis pensamientos, recuerdo los sonidos que hacía con su boquita y que yo le canté mientras él apoyaba su cabeza en mi hombro. Esto dispara sentimientos remotos de plenitud y calidez en el área de mi cuello.

Siendo así, mi cerebro usa los tres modos de percepción para "pensar", pero el recuerdo visual es lo que llega primero y lo que me parece más organizado; mi propia realidad consciente. El diálogo de fondo y las descripciones se encuentran debajo de la superficie , en mi pensamiento subconsciente; tardan un poco más en llegar a mí. Las sensaciones, el tacto, el movimiento y las acciones, aunque son muy intensas, provienen de las profundidades de la mente inconsciente, de modo que no recurro a ellas con regularidad. Mi mente acostumbra recorrer el patrón Visual-auditivo-cinestésico la mayor parte del tiempo.

¿Cuál de los seis patrones cree usted que su mente utiliza para procesar la información? Al trabajar con sus propios patrones de pensamiento puede descubrir más de lo que creía sobre su procesamiento de información.

Construyendo puentes sobre las lagunas comunicativas

El saber más con respecto a cómo funciona su mente y la de su hijo puede llegar a transformar las relaciones mutuas. La comprensión de los patrones individuales de pensamiento invita al respeto y apreciación de cada uno como personas integrales. Apoya su curiosidad sin considerar una conducta particular como prueba de la existencia de un problema o de una debilidad. Provee respuestas específicas y comprensivas. Le lleva a darse cuenta de lo que funciona bien así como de los aspectos negativos.

He aquí un ejemplo: Hace pocos meses fui entrevistada por teléfono para una emisión radiofónica nocturna. Faltaban 15 minutos para que terminara el programa cuando una llamada del público llamó mi atención.

"He estado escuchándola durante los últimos 45 minutos y he decidido llamar para preguntarle algo." Su voz era profunda y rasposa, las palabras fluían sin cesar.

"He golpeado mucho a mi hijo para tratar de hacer que me escuche. Siempre que trato de decirle algo importante, él se queda parado mirándome como si fuera tonto, respondiéndome con su silencio. Pensé que se estaba pasando de listo, pero después de escucharla ya no estoy tan seguro."

Respiré profundo. ¿Qué podría yo decir para cambiar las cosas? Le pedí que describiera todo lo que supiera sobre el funcionamiento de la mente de su hijo.

"Bueno, después de escucharla, creo que es de la clase visual/cinestésica porque le encanta garabatear y no puede hablar a menos que gesticule con las manos como si fuera un molino. Sólo con mirarme hacer algo él logra hacerlo también. Pero cuando trato de explicarle cualquier cosa, se ve desconcertado, 'fuera de este mundo'."

Después de hacerle unas cuantas preguntas más, ambos estuvimos de acuerdo en que la mente de su hijo usaba el patrón VCA. No teníamos duda de que el patrón del padre era de tipo opuesto, es decir, ACV.

"Temía que fuera a decir eso. ¿Así que he estado golpeándolo todo este tiempo por algo que no es culpa suya?"

Le sugerí que si hubiera comprendido esto desde antes no habría golpeado a su hijo, así que tampoco era su culpa.

"Bueno, ahora que lo sé, ¿qué debo hacer?"

Hablamos de lo importante que era tratar a su hijo con amor. Sugerí que cuando necesitara que su hijo le escuchara, pusiera uno de sus brazos alrededor de los hombros del muchacho y que salieran a caminar un rato permitiendo que sus ojos miraran lo que quisieran. El movimiento y la acción podrían construir un puente entre ellos para aprovechar el canal cinestésico común. Una comunicación hombro a hombro maximizaría las posibilidades de que su hijo pusiera atención a todas las palabras y respondiera.

Un mes después recibí una carta suya. Decía que no había golpeado a su hijo ni una sola vez desde nuestra conversación nocturna, que, en efecto, su hijo escuchaba cuando caminaban juntos y que estaba aprendiendo tanto sobre el funcionamiento de su propia mente como sobre la mente de su hijo.

Uniendo todos los elementos

Descubrir el patrón de su hijo se parece un poco al armado de un rompecabezas o al acto de seleccionar una comida en un restaurante chino: escoga algo de la columna consciente, algo más de la columna subconsciente y otra cosa de la columna inconsciente y he ahí su propio patrón de pensamiento. Si se siente completamente confundido ¡Elija al azar y haga pruebas! Los siguientes capítulos le ayudarán en este proceso. ¡Por ahora, usted está invitado a seguir ejerciendo su curiosidad!

Al descubrir cómo funciona la mente de su hijo puede comprender conductas que lo han confundido o irritado en el pasado. Espero que el aumento de su comprensión también amplíe su compasión por los niños en las situaciones que impone el aprendizaje, es decir, en los casos en que el estilo de enseñanza no se ajusta al patrón de aprendizaje. También espero que le motive a encontrar la mejor manera de satisfacer las necesidades de aprendizaje de sus hijos. La singularidad de nuestros hijos es, después de todo, nuestra verdadera riqueza.

Tarea

El hecho de que usted y yo estemos en posiciones distintas (usted allí leyendo y yo aquí, impresa en estas páginas), no significa que usted tenga que adoptar una actitud pasiva frente a lo que este libro tiene que enseñar. Únase a mí pensando lo siguiente: ¿Qué desea saber sobre el sistema de aprendizaje de su hijo que no sepa ahora?

Capítulo 2

La identificación del patrón de aprendizaje de su hijo

¿Qué sabe usted?

Como padre, usted sabe más sobre sus hijos que cualquier otra persona. Usted ha estado con ellos cuando aprendían a caminar, leer y escribir. Los ha observado, escuchado y apoyado cuando comenzaban a explorar y desarrollar sus talentos e intereses. Los ha ayudado a superar sus frustraciones en el aprendizaje, en sus relaciones y en la comunicación.

El punto en donde debemos comenzar para identificar el patrón de su hijo es lo que usted ya sabe sobre cómo aprende. Tómese su tiempo para registrar, en papel o con ayuda de una grabadora, todo lo que se le ocurra. Utilice las siguientes sugerencias como guía, pero siéntase libre de expandir su pensamiento más allá de estas directrices:

- Piense en las muchas experiencias que ha tenido con su hijo cuando él o ella aprendió algo nuevo.

Por ejemplo, ¿cómo aprendió a nadar? ¿Quería que usted le enseñara cómo dar cada brazada antes de intentar hacerlo solo? ¿Se metió a la alberca antes de hacer cualquier pregunta? ¿Cómo aprendió a jugar beisbol o a manejar un auto?

- Haga una lista de los intereses de su hijo. ¿Qué es lo que más le llama la atención?
- ¿Qué materias escolares se le facilitan a su hijo? ¿Cuáles le resultan especialmente problemáticas? ¿Cuáles son sus aptitudes como estudiante? ¿En qué áreas requiere de apoyo extra? Tome en cuenta la música, el arte, la economía doméstica, la forma en que realiza sus compras y los deportes al igual que la lectura, la escritura, las matemáticas, la ortografía, las ciencias sociales y naturales.

Permita que su mente flote libremente a lo largo y ancho de estas preguntas. Déjelas por un tiempo y retómelas más tarde. Se sorprenderá de lo mucho que surge a la superficie de su memoria, detalles en los que no pensaba hace años.

El patrón de pensamiento de su hijo

La manera más simple para determinar cuál es el patrón de pensamiento de su hijo, tiene que ver con que se ponga atención cuando ellos hablan o escuchan, cuando aprenden a bailar o a practicar algún deporte, a leer o a dibujar. Esto le ayudará a descubrir si están presentes los canales auditivo, cinestésico y visual en sus patrones.

Lo siguiente es una lista de características que usted puede encontrar con cada combinación posible de canales perceptivos y estados mentales. Fíjese en cuál de estas secciones le recuerda más a su hijo (idealmente, elija una sección del grupo mental consciente, una del subconsciente y otra del inconsciente). Considérelas como claves que le ayudarán a reconocer el patrón de pensamiento de su hijo.

Por favor, no espere que su hijo se ajuste exactamente a cualquiera de nuestras descripciones; con ningún niño sucede eso. Cada patrón tiene un conjunto de conductas y cualidades esenciales que la mayoría de la gente con ese patrón manifiesta con regularidad, pero todos somos excepciones a la regla. Hay grandes variantes entre la gente que pertenece al mismo patrón —hay personas VAC que son atléticas y ACV que son elocuentes—. Por lo tanto, mientras avanza en este proceso, busque las tendencias *generales* y no se deje atrapar por los elementos demasiado específicos.

Si la mente consciente *de su hijo(a) usa el* canal cinestésico, *él o ella:*

- Aprende o recuerda los objetos y situaciones físicas con facilidad.
- Disfruta de las competencias atléticas.
- Hace las cosas de manera organizada.
- Describe las sensaciones y sentimientos sin dificultad.
- Se muestra más alerta cuando mueve o usa las manos.

Si la mente consciente *de su hijo(a) usa el* canal auditivo, *él o ella:*

- Aprende y recuerda las cosas que se escuchan con facilidad.
- Se siente cómodo al hablar frente a la gente.
- Utiliza un vocabulario detallado y organizado.
- Se muestra más alerta cuando habla.

Si la mente consciente *de su hijo(a) usa el* canal visual, *él o ella:*

- Aprende y recuerda las cosas que son fáciles de ver
- Se siente cómodo cuando lo miran, al escribir o al expresar sus ideas.
- Se organiza visualmente con ayuda de la elaboración de listas, escribiendo las cosas y procurando que todo su trabajo esté limpio y ordenado.
- Está pendiente de los detalles visuales.
- Se muestra más alerta cuando le muestran o escriben las cosas.

☆☆☆

Si la mente subconsciente *de su hijo(a) usa el* canal cinestésico, *él o ella:*

- Analiza las cosas al considerar varias opciones o haciendo algo de muchas maneras distintas.
- Pone atención al medio externo cuando se mueve y a lo interno cuando siente.
- Puede sentir y moverse simultáneamente.
- Suele tener sentimientos contradictorios.

Si la mente subconsciente *de su hijo(a) usa el* canal auditivo, *él o ella:*

- Analiza al hablar de las cosas en voz alta.
- Pone atención al medio exterior mientras habla y a lo interno mientras escucha.
- Puede hablar y escuchar simultáneamente.
- Suele dialogar en su interior.

Si la mente subconsciente *de su hijo(a) usa el* canal visual, *él o ella:*

- Analiza las cosas al escribir, dibujar y visualizar las diversas opciones.
- Pone atención al medio exterior mirando y a lo interno al visualizar.
- Puede ver el exterior mientras observa también imágenes internas con los ojos abiertos.
- Ve las cosas desde dos perspectivas distintas al mismo tiempo.

☆☆☆

Si la mente inconsciente *de su hijo(a) usa el* canal cinestésico, *él o ella:*

- Se relaja o parece ausentarse cuando es tocada o cuando se mueve de un modo determinado.
- Es tímido o introvertido cuando se expresa por medio del movimiento o del tacto.
- Encuentra más fácil expresar un sentimiento global que las sensaciones físicas particulares.
- Se olvida fácilmente de cómo ejecutar algo físico.

Si la mente inconsciente de su hijo(a) *usa el* canal auditivo, *él o ella:*

- Se relaja o parece ausentarse cuando escucha demasiadas palabras.
- Es tímido o introvertido al hablar, particularmente con los extraños o ante un grupo de personas.
- Se olvida fácilmente de lo que se le dice, de los nombres o títulos de las cosas.
- Recuerda el tono de las voces.

Si la mente inconsciente *de su hijo(a) usa el* canal visual, *él o ella:*

- Se relaja o parece ausentarse cuando mira algo durante mucho tiempo.
- Parece tímido cuando se expresa por medio de la escritura o el dibujo.
- Recuerda fácilmente las imágenes globales que los detalles visuales.
- Se olvida fácilmente de lo que ha leído o escrito.

Ya sea que usted haya descubierto el patrón de su niño, o que simplemente tenga un revoltijo de claves inciertas, le sugiero que use su mente como un lente zoom al continuar con el proceso. Reconsidere una y otra vez, poniendo atención a los detalles conductuales e incorporándolos al todo que es su hijo. Evite concentrar su atención en una sola característica o canal y adivinar a la ligera cuál es el patrón de su hijo.

Combine lo que lee aquí con la experiencia cotidiana. También involucre a su hijo en este proceso. Pídale que le enseñe a hacer algo que le interese mucho en ese momento (dominar un balón de futbol o resolver un problema de álgebra). O pídale que le enseñe algo muy básico, como la mejor manera de amarrarse los zapatos. ¿Qué canales usa primero? ¿Cuáles usa después? ¿Qué canal utiliza al final o cuál no utiliza en absoluto? Nos sentimos más cómodos al enseñar de la misma manera en que aprendemos.

Tal vez le guste pensar que el proceso de identificar el patrón de su hijo es similar al proceso de comprarle una sudadera: imagine que existen seis estilos diferentes. En algún momento, usted tendrá que escoger uno y probárselo a su hijo. Llévela a casa y haga que su hijo se la ponga. Observe cómo le queda y resérvese el derecho de regresarla a la tienda para probarle otra en caso de que la primera no le quede bien.

Sea paciente. Sobre todo, téngase confianza. No hay una sola manera de hacer esto correctamente. Permítase cierta libertad y diviértase con ello. Puede que la investigación le resulte tan interesante que encontrar el patrón de su hijo pierda importancia, hasta el punto de convertirse en una mera curiosidad.

El inventario de las conductas comunes, que incluimos en las siguientes páginas, puede ayudarle a encontrar el patrón de su hijo al ampliar y organizar sus observaciones. Al hacerlo, le invitamos a que deje de lado los viejos prejuicios que pudiera tener sobre la conductas y las causas del comportamiento de su hijo. Este proceso pretende darle nuevas vías para considerar su frustración, confusión y sus fascinantes conductas.

Inventario de patrones de pensamiento

Instrucciones: para cada pregunta elija la respuesta que le parezca más cercana a la verdad y haga una marca en la columna correspondiente de la página 56. Si se le propone más de una opción, escoja las dos. Por ejemplo: si la respuesta a la pregunta 1 es "a", ponga una marca en las columnas ACV y AVC. Después de responder todas las preguntas, cuente el número de marcas que hizo en cada columna. Es probable que la columna que tenga más marcas corresponda al patrón de su hijo.

Tomando en cuenta sus observaciones:

1. ¿Cómo describiría las conversaciones de su hijo?

a. Las palabras fluyen en orden, con lógica, sin interrupción, sin vacilación; tiene un vocabulario excelente: ACV, AVC
b. Puede ser introvertido o tímido cuando habla frente a varias personas o grupos: VCA, CVA
c. Utiliza muchas metáforas e imágenes ("Es como un ciclón, como un embudo azul o un remolino"): VAC, CAV
d. Habla más sobre acciones, sentimientos o sucesos presentes: CAV
e. Mueve las manos antes de hablar, tiene que usar las manos o hacer movimientos para encontrar las palabras: VCA, CAV
f. Es recurrente al hablar, hace infinitas preguntas: VCA, CVA

2. ¿Cómo describiría el contacto visual de su hijo?

a. Mantiene un contacto visual firme, persistente: VAC, VCA
b. Muestra un contacto visual tímido, parece incómodo si el contacto visual se prolonga por más de unos pocos segundos, retira la vista frecuentemente: ACV, CAV
c. Mantiene un contacto firme, pero parpadea o hace movimientos nerviosos si el contacto se prolonga: AVC, CVA
d. Los ojos se le ponen vidriosos si escucha durante mucho tiempo: VCA, CVA

3. ¿Cómo describiría la escritura de su hijo?

a. Clara y legible: VAC, VCA
b. Difícil de leer: AVC, CVA
c. Inmadura, a veces caótica, probable dificultad para formar las letras: ACV, CAV

4. ¿Qué recuerda su hijo con más facilidad?

a. Lo que se ha dicho, bromas, canciones, nombres propios, títulos; memoriza al repetir las cosas: ACV, AVC
b. Lo que ha visto o leído, los rostros, el aspecto de las cosas; memoriza al escribir repetidamente algo: VAC, VCA
c. Lo que ha hecho o experimentado, las texturas o el olor de las cosas; memoriza al hacer algo repetidamente: CVA, CAV

5. *¿Cómo describiría las necesidades y habilidades físicas de su hijo?*

a. Se mueve constantemente, se contonea al caminar, necesita libertad de movimiento: CVA, CAV
b. Permanece sentado durante largos periodos fácilmente: AVC, VAC
c. Se siente incómodo o frustrado cuando aprende por vez primera una actividad física: AVC, VAC
d. Aprende las actividades físicas sin dificultad: CVA, CAV

6. *¿Cómo responde su hijo al contacto físico?*

a. Tiende a ser tímido con respecto al contacto físico: AVC, VAC
b. Le gusta tocar y ser tocado con frecuencia: CVA, CAV
c. Toca después de que hay un contacto inicial: ACV, VCA

7. *¿Cómo expresa su hijo sus sentimientos?*

a. Es muy reservado con respecto a sus sentimientos: VAC
b. Los sentimientos parecen estar situados justo debajo de la superficie: ACV, VCA
c. Expresa sus sentimientos con facilidad: ACV, CAV
d. Expresa la causa de sus sentimientos con facilidad: AVC
e. Le resulta casi imposible transformar sus sentimientos en palabras: CVA

8. *¿Bajo qué condiciones se relaja o "ausenta" su hijo?*

a. Cuando abundan los detalles visuales, cuando se le muestra algo o cuando se le pregunta sobre lo que ve: ACV, CAV
b. Cuando abundan las palabras, las explicaciones verbales o las preguntas sobre lo que ha escuchado: VCA, CVA
c. Cuando se le presentan muchas opciones sobre lo que debe hacer, cuando se le toca o cuando se le pregunta cómo se siente: AVC, VAC

9. *¿Cuál es la conducta más frustrante de su hijo?*

a. No puede estarse quieto o calmado: ACV, CAV
b. Primero se comunica físicamente, con una palmada o un empujón: CAV
c. Es exhibicionista o se "luce": VAC
d. Es demasiado ocurrente, es "fresco" verbalmente hablando: ACV, AVC
e. Es taciturno, malhumorado, introvertido: VCA, CVA
f. Interrumpe la conversación, habla sin parar: ACV, AVC
g. Se queja, suele responder con la frase "sí, pero...": VCA

Para obtener más información, haga a su hijo las siguientes preguntas:

10. *¿Qué es lo que recuerdas con mayor facilidad después de ver una película, un programa de televisión o de leer algo?*

a. El aspecto de la gente y las escenas: VAC, VCA
b. Lo que se dijo o la música: ACV, AVC
c. Lo que sucedió o cómo se sintieron los personajes: CVA, CAV

11. *¿Qué es lo primero que haces para recordar el número telefónico de alguien?*

a. Me lo digo a mí mismo o lo escucho en mi cabeza: ACV, AVC
b. Veo el teléfono o los números en mi cabeza: VAC, VCA
c. Siento cómo levanto el teléfono y marco: CVA, CAV

12. *¿Qué es lo que recuerdas más fácilmente de las personas que acabas de conocer?*

a. Lo que hiciste con ellos o cómo se sentían: CVA, CAV
b. Cómo se veían: VAC, VCA
c. Su nombre o lo que dijeron: ACV, AVC

13. ¿Qué es lo que más miedo te da o lo que más te desagrada?

a. Las palabras malintencionadas, que lastiman: VCA, CVA
b. El contacto físico que invade mi espacio: AVC, VAC
c. El aspecto desagradable, repulsivo: ACV, CAV

14. ¿Cómo armas algún objeto?

a. Leo las instrucciones y luego lo armo. Me confunde que me digan cómo hacerlo: VCA
b. Leo las instrucciones, hago preguntas y luego hablo conmigo mismo mientras lo armo: VAC
c. Manipulo las piezas, después hago preguntas si es necesario. Nunca leo las instrucciones: CAV
d. Manipulo las piezas, veo el diagrama y después hago preguntas: CVA
e. Hago que alguien me explique, después pido que me enseñe cómo hacerlo y luego lo intento: AVC
f. Hago que alguien me diga cómo hacerlo, luego lo intento. Sólo leo las instrucciones como último recurso: ACV

15. ¿Qué es lo más importante para ti cuando decides qué ropa ponerte?

a. Cómo se siente la ropa, qué tan cómoda es, la textura: CVA, CAV
b. Los colores, cómo se me ven, cómo combinan: VAC, VCA
c. Que represente algo de mí, la marca, lo que la ropa dice de mí: ACV, AVC

	ACV	AVC	CAV	CVA	VCA	VAC
1						
2						
3						
4						
5						
6						
7						
8						
9						
10						
11						
12						
13						
14						
15						

Cuadros de las diferencias entre patrones

Los cuadros que comienzan en las páginas siguientes, le ofrecen descripciones breves de las características más obvias de cada uno de los seis patrones, y depuran las ideas que puede usted tener sobre el patrón que obtuvo del inventario anterior.

Comprendiendo cómo comprende su hijo

Me gustaría ofrecerle un ejemplo sobre cómo ayudó a una madre el comprender el patrón de pensamiento de su hijo. Gracias a esto, ella pudo superar una laguna comunicativa aparentemente insalvable.

Sally está llena de frustración. Mueve nerviosa sus piernas enfundadas en medias blancas; acomoda su cabello color arena. Su hijo de siete años, Richard, corre a su alrededor, arrojando una pelota de hule-espuma a un aro que está montado en la puerta. Su voz es nasal, casi gangosa; habla rápidamente.

"He de decirle que él ya ha sido sometido a varias pruebas y el psicólogo de la escuela insiste en que es hiperactivo y rebelde. Exigen que le administre Ritalin. No puede portarse bien. Estoy tan frustrada que no sé qué hacer. He leído algunos estudios en un periódico sobre medicina: dicen que esta droga puede provocar efectos secundarios, pero yo imagino que la escuela no le recetaría algo nocivo, ¿o no?" Se lleva un pañuelo inmaculado a la nariz. "Tiene que aprender a poner atención. Cuando converso con él sobre ese punto, parece sordo y tonto. La semana pasada lo llevé a caminar al bosque y se tornó violento. Tomó un palo y comenzó a golpear los árboles que encontraba a su paso.

"Su padre y yo compartimos la custodia legal del niño, pero yo no le hablo, así que no sé cómo se comporta Richard cuando se queda en casa de su papá. Él es trailero. Creo que si no atendemos a Richard de inmediato, al crecer será igual a... su padre."

La maestra de la escuela, junto con el psicólogo escolar, creen que algo anda mal con Richard. Sally acudió a mí esperando que remediara lo que estaba mal por medio de la terapia. Pero las dificultades experimentadas por su hijo no se deben a que exista algo "malo" —se deben, en principio, a la falta de comprensión sobre cómo su mente recibe y comunica la experiencia.

El patrón de Sally es AVC. Su cerebro organiza la información a través de palabras, analiza y enfrenta la confusión visualmente, e integra lo que proviene del mundo exterior lenta y creativamente, por medio de los sentimientos y el movimiento. El cerebro de su hijo Richard usa exactamente el patrón de pensamiento opuesto: organiza conscientemente a través del movimiento y la acción y crea inconscientemente valiéndose de las palabras y los tonos de voz (CVA). En consecuencia, cuando el niño se mueve, ella se siente confundida y comienza a asustarse. Si él golpea un árbol con un palo, conducta que es normal en un niño de siete años, ella piensa que se pone violento. La palabra hablada, que es el punto fuerte de la madre, es la debacle del niño. Las palabras activan su mente inconsciente, provocando que Richard se relaje o "ausente". Ella y los maestros interpretan esa actitud como distracción y falta de atención. Cuando él trata de poner atención moviéndose, tratando de entrar en el canal cinestésico, ellos dicen que está hiperactivo y que necesita ser drogado. Existe parte de verdad en la afirmación de que el niño es rebelde —¡su mente trabaja de manera opuesta al funcionamiento de la mayoría del personal escolar y de su propia madre!

En lugar de pensar en un programa correctivo, enseñé a Sally y a Richard cómo funciona su mente. Al comprender que el movimiento ayuda a que Richard ponga atención, ella se sintió menos incómoda con la exuberante energía del niño; también ayudó a que los maestros de Richard diseñaran un programa escolar apropiado que se basa en la experiencia práctica y concreta. Sally está aprendiendo a tocar a Richard cuando le habla. Ella le encomienda trabajo físico en la casa para elevar su autoestima, y ha elaborado gráficas y caricaturas visuales de lo que ha tratado de decirle una y otra vez sin lograr comunicarse. Un programa de gimnasia provee al niño de experiencias exitosas, así como de un canal apropiado para la descarga de su energía física desbordante. Yo le enseño a Richard a reconocer los momentos en que se siente lleno de palabras, y cómo demostrar que está sobrecargado. Tanto su desempeño escolar como la relación con su madre mejoran en gran medida.

¿Aún no está seguro?

El pasar más tiempo con sus hijos y la curiosidad son las mejores guías de que dispone para entender cómo funciona su mente. Las descripciones profundas de cada patrón que comienzan en el capítulo 5 le ayudarán a confirmar sus sospechas.

La identificación del patrón mental de su hijo no debe ser el final del proceso: debe ser sólo el principio. Por favor use la información y sugerencias que aparecen en los siguientes capítulos para llevar a su niño hacia una satisfacción mayor en el aprendizaje; así logrará que tenga más confianza en su mente.

Tarea

He aquí una interesante manera de integrar lo aprendido en este capítulo: *Recuerde que estos patrones deben ser nidos y no jaulas; ¡use estos capítulos como referencia y descubra el patrón mental de sus amigos, de los vecinos, de la persona que reparte paquetes y del escritor de Los Simpson!*

	ACV	**AVC**
Características de lenguaje	Interactúa fácilmente con los demás al hablar. Tiene un vocabulario extenso. Habla con mucho sentimiento y ritmo. Le gusta decir a los demás lo que deben hacer (son líderes naturales).	Interactúa fácilmente con los demás al hablar. Tiene un vocabulario extenso. Habla lógicamente sobre hechos, ideas y conceptos. Le gusta hablar con los adultos y con otros niños.
Características visuales	El contacto visual le intimida —no puede aguantar el contacto visual—. Ve la imagen global. Hace dibujos simples. Tiene una letra caótica de estilo peculiar.	Establece un contacto visual firme —puede parpadear o presentar movimientos nerviosos—. Puede poner atención a la imagen global y a los detalles al mismo tiempo. Puede transformar las imágenes mentalmente. Tiene una escritura difícil de leer.
Características físicas	Tiene energía acumulada. Disfruta la práctica de actividades deportivas —son bue-	Puede tener una concepción imprecisa de su cuerpo. Puede sentirse molesto o frustrar-

	CVA	CAV
	nos entrenadores y atletas. Puede que en principio se muestren reacios al contacto físico.	se fácilmente con las actividades físicas. Prefiere las actividades libres (como correr o nadar) a los deportes más competitivos. Es reservado para el contacto físico y la expresión de sus sentimientos.
Aptitudes para el aprendizaje y retos	Aprenden fácilmente por medio de la discusión y las lecciones orales. Aprende al practicar sobre la marcha. Puede tener dificultades con la lectura, la escritura y la ortografía. Puede aprender lenguas "de oído".	Aprende fácilmente por medio de la discusión y las lecciones orales. Aprende bien por medio de la lectura. Se le dificulta el aprendizaje práctico y los deportes. Es capaz de aprender lenguas "de oído" y leyendo.
Se relaja o "ausenta"	Cuando hay demasiadas cosas que mirar o cuando se le pregunta sobre lo que ve.	Con el contacto físico, con preguntas relativas a cómo se siente.
Problema típico	Interrumpe a los demás. Puede ser sarcástico, fresco; habla con rodeos, lastima a los demás con sus palabras.	Interrumpe a los demás. Monopoliza las conversaciones. Pregunta demasiado.
Frustraciones	Se le dificulta sentir satisfacción cuando trata de convertir sus visiones en realidad.	Se le dificulta convertir sus sentimientos en palabras. Se le dificulta el aprender habilidades físicas sin palabras o elementos visuales que le apoyen.
Dones naturales	Es un pensador visionario —tiene muchas ideas ambiciosas.	Es un gran comunicador —le gusta mucho intercambiar ideas—. Quiere ayudar. Quiere inspirar a los demás.
Características de lenguaje	Es tranquilo al hablar. Habla con concreción. Es raro que hable al estar en grupo. Puede tardar en encontrar las palabras correctas, haciendo largas pausas. Necesita silencio .	Disfruta hablar de experiencias personales. Es bueno para enseñar. Le gusta contar historias. Hace movimientos con las manos para encontrar las palabras.

	CVA	CAV
Características visuales	Mantiene un contacto visual firme —puede parpadear o hacer movimientos nerviosos—. Puede poner atención a la imagen global y visualizar los detalles simultáneamente. Puede manipular las imágenes mentalmente y abordarlas desde muchos ángulos. Puede tener una escritura difícil de leer.	Es tímido ante el contacto visual —no puede mantenerlo—. Asimila la imagen global en un abrir y cerrar de ojos. Se organiza haciendo pilas. Rara vez pone atención a las imágenes. Puede tener escritura caótica muy peculiar.
Características físicas	Se le facilita la interacción con los demás al trabajar en equipo o hacer contacto físico. Adora la actividad, el movimiento y la acción. Tiene energía. Suele ser un atleta natural, coordinado. Le gustan los deportes competitivos. Le gusta ser tocado. Adquiere con facilidad habilidades físicas.	En la mayoría de las ocasiones, interactúa con los demás por medio del trabajo en equipo o haciendo contacto físico. Se mueve constantemente. Tiene mucha energía física. Suele ser una atleta natural, coordinado. Le gustan los deportes competitivos. Le gusta tocar y ser tocado.
Aptitudes para el aprendizaje y retos	Aprende fácilmente en la práctica o por medio de la experimentación. Puede ser un buen lector siempre y cuando se le enseñe por medio de la experiencia, no fonéticamente. Tiene dificultad con la lectura oral y con los reportes escritos. Se le dificulta la concentración en las clases orales o en las discusiones.	Aprende fácilmente las actividades físicas. Aprende fácilmente en la práctica o por medio de la experimentación. Puede aprender al discutir asuntos importantes. Puede tener dificultad para leer, escribir o deletrear.
Se relaja o "ausenta"	Con las explicaciones orales largas, con las preguntas sobre lo que piensa u oye.	Cuando hay mucho que mirar o con las preguntas sobre lo que ve.
Problema típico	Puede deprimirse o darse por vencido.	Puede ser hiperactivo, tiene dificultad para estar quieto. Nervioso.

	CVA	CAV
Frustraciones	Tiene mucha dificultad para expresar sus sentimientos con palabras.	Se le dificulta encontrar canales positivos para encauzar su energía física.
Dones naturales	Es un gran amante de la naturaleza, especialmente de los animales. Tiene intereses contradictorios (por ejemplo, el dibujo y el hockey sobre hielo). Desea unir elementos disímbolos.	Es un gran ejecutante —le gusta hacer las cosas—. Quiere ser útil a los demás.
Características de lenguaje	Habla con sentimiento y énfasis. Le gusta contar historias, explicar y persuadir a los demás. Habla en voz alta para analizar ideas y tomar decisiones. Usa muletillas como "um", "este", o "tú sabes". Le gusta convencer con palabras.	Habla a partir de experiencias personales de manera recurrente. Tiene que usar las manos o moverse para hablar. Puede tardarse mucho en encontrar las palabras, haciendo pausas largas. Rara vez habla al estar en grupo.
Características visuales	Se le facilita el contacto visual con sus semejantes. Muestra lo que piensa o siente con la cara. Se organiza por medio de listas o notas. Le gusta el orden visual. Tiene una escritura ordenada y legible.	Se le facilita el contacto visual con sus semejantes. Siente lo que ve. Se organiza por medio de listas y notas. Necesita del orden visual para pensar claramente. Tiene una escritura ordenada y legible.
Características físicas	Puede estar quieto por periodos largos. Puede ser reacio o frustrarse fácilmente con las actividades físicas. Tiene una concepción imprecisa de su cuerpo; necesita cerrar los ojos para sentir. Es tímido con respecto al contacto físico y reservado con respecto a los sentimientos. Prefiere las actividades libres (correr, nadar) sobre los deportes competitivos.	Tiene energía oculta bajo la superficie. Aprende los deportes sin dificultad, es buen atleta. Puede expresar sensaciones corporales fácilmente y sin cerrar los ojos. Puede ser reacio al contacto físico. Le gustan los deportes organizados y competitivos. Puede confundir los sentimientos y sensaciones de los demás con los propios.

	CVA	CAV
Aptitudes para el aprendizaje y retos	Es un lector ávido —aprende a leer con facilidad—. Aprende bien con la lectura, la discusión o la enseñanza. Escribe, deletrea, lee y revisa textos con facilidad—. Se le dificultan las actividades manuales y las físicas.	Puede ser buen lector si se le enseñan las palabras visualmente y no con fonética. Aprende fácilmente al observar y después ejecutar, sin palabras y tomando notas. Escribe, deletrea y revisa textos con facilidad. Tiene dificultad para la lectura y los reportes orales, para concentrarse en las clases orales o participar en discusiones.
Se relaja o "ausenta"	Con el contacto físico y las preguntas sobre lo que quiere hacer o cómo se siente.	Con las explicaciones verbales prolongadas y con las preguntas sobre lo que piensa u oye.
Problema típico	Exhibicionista. Puede empeñarse demasiado en causar una buena impresión.	Puede ser quejumbroso. Puede ser demasiado influenciable, dejándose llevar por las opiniones de la mayoría.
Frustraciones	Tiene dificultad para calcular el tiempo.	Se le dificulta el pensamiento individual.
Dones naturales	Es un gran maestro —le encanta mostrar y decir—. Quiere ser iluminador.	Es muy buen compañero, trabaja bien en equipo. Quiere crear relaciones interpersonales.

Capítulo 3

Los niños ACV: líderes del grupo

Revisión rápida del patrón

Les presento a los ACV, niños elocuentes llenos de energía. Les encanta liderear, encargarse de los diversos asuntos y decirle a los demás lo que deben hacer. Hablan claramente y casi sin parar, con gran vehemencia, sentimiento y ritmo en sus palabras. Incluso cuando no hablan suelen emitir sonidos, ya se trate de chiflidos, murmuraciones o efectos de sonido que corresponden a cada situación particular.

Para ellos no es fácil escuchar y pueden interrumpir con frecuencia a los demás, especialmente si se sienten emocionados. Poseen una energía física inmensa que parece bullir debajo de su piel.

La mayoría de estos niños son coleccionistas de pequeños tesoros y le gusta hacer pilas de objetos para organizarse. Los niños con este patrón son tímidos frente al contacto visual —no pueden mantener un contacto visual firme—. Generalmente tienen muchas ideas grandiosas y es común que sufran frustración e insatisfacción cuando no pueden hacer realidad sus sueños. Aunque usan un vocabulario extenso, el aprendizaje de la lectura y escritura puede ser una labor lenta y laboriosa.

Características de lenguaje

Los niños ACV son expertos en el uso del lenguaje desde muy temprana edad. Aman discutir, argumentar o debatir sobre cualquier cosa; hacen preguntas, cuentan bromas y elaboran juegos de palabras. Comprenden y hacen inferencias verbales con facilidad; responden con rapidez a las preguntas orales. Los ACV suelen causar muy buena impresión pues hablan utilizando acentos sutiles y tonos de voz con gran precisión. Pueden ser irónicos, sarcásticos o frescos; en ocasiones hablan con rodeos. Es común que tengan voces distintivas, únicas.

También recordarán lo que se les dice y repiten lo que escucharon palabra por palabra, al estilo de las grabadoras. Esto incluye la poesía, letras de canciones, rimas y bromas, así como la música de comerciales, cuestiones profanas o "secretos" familiares. Para ellos son muy importantes las sutilezas en el significado y la pronunciación de las palabras.

Estos niños tienen fuertes sentimientos y opiniones, los cuales expresan fácilmente. Tienden a gritar o discutir violentamente cuando se enojan. Las gesticulaciones siguen a sus palabras y puntualizan lo expresado. Sus sentimientos son lastimados por lo que se les dice, pero no es común que puedan medir el poder que sus palabras tienen para lastimar a los demás.

Características físicas

Los ACV parecen tener una reserva inagotable de energía física, misma que no se libera fácilmente. Mientras que sus cuerpos expresan cómo se siente, sus rostros rara vez lo hacen y la mayor parte del tiempo pueden parecer inexpresivos. A veces, pueden ser elocuentes y coordinados al aprender movimientos siempre que se les den instrucciones orales. Generalmente les gusta participar en los deportes y también son buenos entrenadores; suelen encontrar fácilmente las palabras que ayudan a que los demás aprendan.

Para ellos es necesario moverse bastante; si no es así, se hartan de lo que escuchan, ven o sienten. Se incomodan rápidamente si se les confina a un escritorio o a un lugar pequeño por mucho tiempo, especialmente si se les pide que trabajen con abundante material escrito. Los maestros de las escuelas tradicionales acostumbran pedirles que se sienten quietos y en silencio.

Los niños con el patrón de pensamiento ACV son muy independientes; son buenos para hacer las cosas por sí mismos. De hecho, requieren sentirse a cargo de las cosas que hacen y del método que siguen para hacerlas. Pueden aprender a elegir si se les ofrecen opciones, incluso para las tareas cotidianas más rutinarias.

Es típico que se angustien al tener sentimientos encontrados cuando tratan de decidir algo. Suelen llegar a sus propias conclusiones hablando sobre cada posibilidad y luego prueban para averiguar cómo se sienten. Esto podría hacer pensar que son dispersos e indecisos. Si deben decidir entre dos trabajos como mesero para después de las horas de clase, por ejemplo, harían bien en hablar con cada empleado y visitar ambos restaurantes, si no es que hasta intentar en ambas plazas, antes de escoger lo que más les conviene.

Tampoco les atrae mucho el contacto físico. Se muestran más abiertos al contacto físico cuando ya conocen mejor a la persona de quien se trata.

Características visuales

Es común que los ACV desarrollen un estilo único para organizar sus posesiones. Frecuentemente, ponen orden haciendo pilas que colocan a la vista de todos. Las cosas no tienen que estar impecables; generalmente se desempeñan bien en un ambiente visual caótico. Tienden a ser coleccionistas; quieren conservar todo lo que les resulta visualmente atractivo, además de lo que han escrito, dibujado o recibido por escrito.

Sus imágenes visuales tienden a ser simples, únicas y profundas, capturando el sentimiento íntegro de lo que quieren expresar cuando dibujan o pintan. Pueden tener dificultad con la escritura; su letra puede parecer inmadura y desordenada. Sin embargo insisten en mejorar su letra. La perfección visual suele ser su meta y pueden frustrarse si no la obtienen.

Estos niños se muestran tímidos ante el contacto visual cuando escuchan. También romperán el contacto o parpadearán frecuentemente cuando hablan. Son muy quisquillosos con las imágenes visuales que eligen —películas, programas de televisión y decorados-- ya que lo que ven influye profundamente en ellos. Una mirada desagradable de alguien puede dejar huella en su mente. Pueden adoptar las maneras o el ritmo de lo que ven, es decir, tienden a imitar a los personajes de las caricaturas, de los programas de televisión o las películas.

Ellos se relajarán o ausentarán cuando se les agobia con detalles visuales, especialmente si se trata de cosas que no hayan elegido. Su mirada parece distante cuando se les pregunta qué miran.

Pueden ser soñadores visionarios. Muchos de ellos tienen fantasías vívidas que desatan un cúmulo de ideas sobre cómo pueden llegar a ser las cosas. De cualquier manera, suelen sentirse mal cuando no pueden convertir sus ideas en realidad rápidamente.

El aprendizaje de la lectura y la escritura puede ser una labor tediosa. Pueden tener dificultades para decodificar visualmente las palabras y recordar la apariencia de vocablos simples. Su vocabulario oral casi siempre es más extenso que su vocabulario escrito. A ellos les encanta que les lean, prefiriendo el escuchar más que leer por sí mismos. Es típico que lean poco, pero cuando lo hacen se sumergen profundamente en lo que leen. Para algunos, una vez que se aprenden los aspectos básicos de la lectura, ésta puede convertirse en un escape placentero e imaginativo, llegando a ser su manera favorita de "viajar".

Retrato de los niños ACV

Anne recuerda: "Uno de mis estudiantes del quinto año se llamaba Jonathan, quien murmuraba incesantemente, como si hablara solo. En esa época yo hubiera dicho que tenía una mente ágil. Me gustaba hablar a solas con Jonathan y más de una vez me sorprendió la claridad de su discurso. Se mostraba cómodo al conversar con los adultos y siempre disponía de una broma o una pregunta interesante.

"Jonathan parecía impulsado por una especie de combustión interna, siempre activo, siempre pensando. Los otros niños pensaban que era una especie de bicho raro. Era muy reservado, excepto en primavera, cuando era pitcher, capitán y asistente de entrenador del equipo de beisbol del quinto grado.

"En la parte académica, las cosas iban mal para Jonathan. Todo su expediente acumulativo estaba lleno de reportes de maestros y resultados de exámenes que coincidían en que era muy capaz. De hecho, en el cuarto grado, había sido nominado para el programa de atención a los niños talentosos y dotados, pero su maestro vetó la participación del niño. A Jonathan le costaba trabajo la lectura más simple, al igual que las matemáticas. Parecía tener dificultades para concentrarse en la clase; prometía recuperar el tiempo perdido con trabajo en casa, pero rara vez hacía una tarea. El pupitre de Jonathan rebosaba constantemente, ordenado con un sistema de organización que sólo él entendía. ¿Cómo se le podía ofrecer un estímulo académico extraordinario si ni siquiera dominaba las cuestiones básicas?

"En el quinto grado, sus padre y yo decidimos dejarle ingresar en el programa para estudiantes talentosos durante un semestre. Su maestro, la señora Noble, era una persona creativa y seria a quien le caía bien Jonathan; decidió apoyar nuestra decisión. En el transcurso de la unidad referente a la física cuántica, ella descubrió su talento oculto para el dibujo y la pintura. Esto trajo como consecuencia una aparente recuperación de la autoestima y de su desempeño escolar.

"Jonathan me preguntó si podría traer a la escuela su propio restirador para usarlo en lugar del pupitre común; dijo que aprendería mejor si se sentía cerca de una mesa de dibujo. Estaba emocionadísimo cuando le dije que sí. Propuso colocar su nuevo escritorio cerca de la ventana debido a que la "luz creativa" provenía de allí. Antes de una semana, decidió usar una caja roja para implementos de pesca, la cual contenía sus herramientas artísticas. Me sorprendí cuando él me enseñó que cada lápiz, marcador y pincel tenían su propio lugar. El orgullo y el esmero que puso en todo el proceso de traer sus implementos de trabajo se extendió a todas las demás materias. Completaba los trabajos en poco tiempo con tal de que le quedara tiempo para dibujar. ¡Nunca olvidaré el día en que me pidió permiso para quedarse en el salón de clases durante el recreo para limpiar su restirador!

"Jonathan descubrió una fuente importante de motivación interna en su propia creatividad. Las opciones y el aliento que los maestros y sus padres le ofrecimos, fueron fundamentales para que él descubriera también su deseo de triunfar en el ámbito académico."

Comunicándose con los niños ACV

Cómo apoyar su canal auditivo

Los niños ACV quieren ser escuchados, desean que se converse con ellos y que se valoren sus ideas. Dedique tiempo al simple acto de hablar con ellos. Ayúdelos a recordar sus experiencias diarias alentándolos para que le comuniquen lo que dijeron, escucharon, hicieron o sintieron. Pregúnteles al comienzo de la plática cosas como: "¿De qué hablaron hoy en la escuela?", en lugar de preguntar algo así como "¡Qué hiciste hoy?". Cuestiónelos ocasionalmente sobre qué han pensado o qué les interesa. Déjeles sentir que está escuchando al hacerles preguntas relacionadas o comentando en específico lo que a usted le pareció interesante de su plática.

A ellos les ayuda el que usted les introduzca a la conversación con una oración como: "Quisiera hablar contigo sobre cómo van las cosas en la clase de ciencias". Después, hágale una pregunta o invítelo a que el niño haga las suyas. Con estos niños es mejor que hable las cosas en lugar de darles lecciones, dictarles o aplicarles la "ley del hielo". Si debe tomarse una decisión o hay algo que usted está considerando, como por ejemplo el lugar en donde vacacionará la familia o si se compra una mascota, pídales su opinión e involúcrelos en el proceso de toma de decisión. Muéstreles que valora sus ideas.

Ellos aprecian las explicaciones claras y directas. Relacionan una experiencia nueva o próxima con la experiencia pasada. Aman el sentido del humor: usan voces graciosas, acentos o bromas para hacerse entender, incluso en las discusiones más candentes. Tenga paciencia con la necesidad que tiene de repetir las cosas. Puede que requieran contar la misma historia a tres personas distintas. Se están asegurando de poseer la información; además ésa es la manera con que usted puede darse cuenta de que asimilan los hechos. Invítelos a que le cuenten a los demás lo que usted quiere que recuerden —a un amigo, al oso de peluche o a un hermano menor.

Estos niños poseen una aguda comprensión del lenguaje oral. Siempre dan por hecho que le han escuchado y comprendido. No tema usar lenguaje sofisticado. La mayoría de ellos aman el reto de comprender nuevas palabras; casi todos le preguntarán qué quieren decir las palabras desconocidas. Anne comenta: "Cuando mi hijo Brian tenía dos años, le dije una noche que estaba 'ofuscada' por algo que trataba de cocinar para la cena. Dos días después, escuché su vocesita que decía, '¡Me siento taaan ofuscado!' mientras trataba de sacar dos osos de peluche de su cuna." Conciba las habilidades verbales que ellos tienen como un punto fuerte y ponga empeño en desarrollarlo.

Trate de que estos niños aprendan las reglas de la cortesía al hablar, pues tienden a interrumpir demasiado. Ayúdeles a comprender que no pueden ser escuchados todo el tiempo. Recuérdeles constantemente que no deben interrumpir y no los interrumpa. Hágales saber cuáles son los límites específicos de su disponibilidad. Dígales cuándo va a hablar por teléfono o cuando puede ofrecerles toda su atención. Aliéntelos para que graben en cinta o escriban lo que quieren compartir para que encuentren un oyente disponible cuando usted esté ocupado. Hágales saber cuando usted necesita silencio y procure respetarlos si ellos le piden lo mismo.

Desarrolle habilidades auditivas interactivas con ellos: pídales que repitan lo que usted ha dicho antes de que ellos hablen, de modo que esté seguro de que han escuchado con atención.

Ponga límite al contenido y tono de su voz. Podría

decirles algo como: "Quiero que expreses ahora lo que sientes, pero necesito que seas respetuoso. No puedo escucharte cuando hablas como si fueras mi jefe." Recuerde que también pueden detectar con gran facilidad los sentimientos que su voz expresa.

Cómo apoyar su canal cinestésico

La autoestima de los niños ACV se beneficiará si tienen la oportunidad de ser responsables de lo que hacen y de cómo lo hacen. Estos niños aceptan sin problema las reglas cuando han intervenido en su implementación. Negocie la hora en que han de irse a dormir, permítales elegir entre varias opciones razonables; pídales que escojan entre ver televisión y comer golosinas. Puesto que se organizan al decir a los demás o a sí mismos lo que deben hacer, haga una reunión semanal en la que se discuta qué, cuándo y cómo se harán las cosas.

La música tiende a cambiar el estado de ánimo de ellos. El escuchar música, historias o cantar con ellos puede ayudar a relajarlos. Es bueno hacer que escuchen música con la que puedan bailar o moverse; ésta es una manera divertida de hacerlos entrar en acción o de usar creativamente su energía. La música que escogen para un momento determinado le puede dar claves para descubrir cómo se sienten.

Procure que tengan manera de descargar su energía. Sugiera que participen en las actividades deportivas que ellos elijan; algunos preferirán los deportes de conjunto y otros los individuales, como la gimnasia o las artes marciales.

Invítelos a caminar cuando quiera discutir cuestiones emocionales. El hablar de los sentimientos hará que deseen moverse, y el estar en movimiento les ayudará a penetrar mejor en sus sentimientos. Camine con ellos hombro a hombro para que miren a donde quieran y se sientan cómodos. Nunca insista en el contacto visual prolongado. No pueden mantenerlo cómodamente y son capaces de escuchar sin él.

El contacto físico ayudará a que los niños se calmen y guarden silencio. Es importante que pida permiso antes de tocarlos. Deje que escojan cómo quieren que se establezca el contacto. Evite decirles cómo se sienten; en lugar de ello, dígales lo que nota en su expresión corporal o tono de voz y pregunte sobre su estado de ánimo.

Cómo apoyar su canal visual

Los niños ACV tienden a ser inventores, gente de ideas. Aliéntelos para que exploren sus visiones a profundidad y para que hagan algo con ellas; pídale que hable sobre sus ideas en detalle, que exponga lo que él cree necesario para realizarlas y qué clase de ayuda podría requerir.

No espere que encuentren algo con la pura referencia visual. Las instrucciones orales como :"Está cerca del piano, junto a la ventana", serán útiles. Si les escribe una nota o les ofrece otro estímulo visual, trate de que sea claro y simple.

Ellos pueden ser especialmente tímidos con respecto a ser vistos o a que les tomen fotografías; además pueden ser muy quisquillosos con su apariencia personal. Respete esta sensibilidad. No los obligue a tomarse fotos. Comprenda que pueden intimidarse al estar en público. Apóyelos para que descubran los cortes de pelo o el tipo de ropa que más les gusta.

Permita que controlen su mirada. No los obligue a establecer y mantener contacto visual o a que miren algo que puede resultarles doloroso o desagradable. Las imágenes visuales desagradables pueden repetirse en su mente durante años. Enséñeles a discriminar lo que miran. Una vez que penetran en un programa de televisión, pueden "perderse" en él y ser influidos en gran medida. Invítelos a que hablen sobre lo que ven o leen. Sus propias palabras pueden ayudarles a elegir mejor.

Ayudando a los niños ACV en casa

Los niños cuya mente utiliza el patrón ACV, presentan un reto académico para los padres y maestros de nuestros días. Aprenden y expresan fácilmente lo que oyen. Su poder de capacidad verbal crea una expectativa de éxito académico. Pero el reto más serio radica en las labores que necesitan que el canal visual inconsciente se enfoque de una manera que le es poco natural, lo que puede ocurrir con la escritura y la lectura. Hasta hace poco hubo poca flexibilidad en el modo de enseñar estas actividades, lo que provocaba que los niños con este patrón de pensamiento fueran calificados simultáneamente como "dotados" e "inhabilitados" para el aprendizaje. Es indispensable que se les enseñe a leer y escribir con métodos que se ajusten al funcionamiento de su mente.

Como padre, usted puede apoyar efectivamente el desarrollo de la lectura y escritura de ellos al aprovechar las ventajas que ofrece su patrón de pensamiento. Aprenden sin problema lo que escuchan o aquello que se dice. Les fascina que les lean; léales regularmente si es posible. Mientras se incrementa su interés por la lectura, deje de leerles las frases o líneas familiares y haga que ellos completen el texto verbalmente. Al observar, ellos comenzarán a relacionar la palabra escrita en la página con los sonidos que han pronunciado. Repase en voz alta las palabras que reconocen. Su deseo de leer y la experiencia personal proporcionará un nexo importante entre los canales auditivo y visual. Comparta su emoción.

Una vez que ya han comenzado a leer independientemente, puede ayudarlos el poner el dedo en la línea que leen en voz alta. La combinación de movimiento y lectura les ayuda a que permanezcan alertas. Por ejemplo, el sentarse en una mecedora o pedalear una bicicleta estacionaria puede brindarles el movimiento necesario para evitar que se relajen o ausenten al leer. Pídales que le digan o actúen lo que sucede en las historias que leen. Su capacidad para recordar y evaluar lo que han leído (o visto) proviene de repetirlo oralmente.

Puede que prefieran durante algún tiempo libros o revistas sencillos, con grandes ilustraciones. Apóyelos en la selección de estos libros, pues resultan más adecuados para su canal visual. Su interés y comodidad deben ser elementos importantes a considerar en la elección de un libro.

El acto de escribir puede ser una tarea difícil para algunos. Déles papel grande para que los más pequeños hagan letras grandes al aprender el alfabeto. Ayúdelos a recordar cómo formar las letras con rimas como: "Un palito y un círculo forman una P, quítale el palito y el círculo solito y forma la O." Los significados particulares harán que la práctica sea más agradable. Pídales que escriban cartas a amigos y parientes, especialmente en tarjetas u hojas que no tengan líneas impresas. Invítelos a escribir el relato de sus experiencias. Haga que ellos le dicten primero, sirviéndoles usted de escritor. Propicie que cada vez escriban más. Los niños mayores pueden usar este método con ayuda de una grabadora para escribir historias y trabajos escolares. Entrénelos en el uso de la máquina de escribir o el procesador de palabras. Comprenda que todo el material escrito, tanto el que crean como el que reciben, significa mucho para los niños que tienen este patrón. Apoye verbalmente todo esfuerzo.

En general, la tarea escolar resulta muy confusa a la vista. Descubra lo que les gusta hacer para descansar los ojos o lo que suelen mirar cuando sueñan despiertos. Ayúdelos a ser conscientes de esta necesidad física de balance. Descubran juntos métodos agradables de hacer esto —observar las nubes o las puestas de sol; caminar en espacios abiertos, etcétera.

Ellos memorizan al repetir oralmente. Estos niños son estrellas de natas *rap*. Grábelos y luego sincronice su voz con la de ellos; invente movimientos que correspondan con lo que deben memorizar. Ponga ritmo o melodía al deletreo de palabras o invénteles un coro. Pídales que repitan el ritmo lentamente cuando escriban las palabras. Haga que boten una pelota o bailen mientras repiten lo que deben aprender.

Si trata de ayudarles a que aprendan algo nuevo, pídales que le enseñen lo que ya saben y que, a partir de ello, sigan su aprendizaje. Generalmente aprenden mejor si primero escuchan y luego hacen lo que aca-

ban de escuchar. Haga que le expliquen cada uno de los pasos en el momento que los ponen en práctica. Cuando usted piense que ya asimilaron el concepto, haga que le enseñen a hacerlo. Esto reafirma lo aprendido. Las instrucciones, diagramas o ejemplos escritos pueden resultar confusos para ellos. Cuando sea necesario utilizar estos materiales haga que su niño los lea en voz alta o que explique lo que ve.

Recuerde que ellos se organizan al decirle a los demás o a sí mismos lo que van a hacer. Probablemente no se inclinen a escribir sus deberes escolares. Si son olvidadizos, haga que le digan diariamente lo que van a hacer.

Puede ser útil que estudien con la radio encendida. Quizá los distraiga el ruido, como por ejemplo el rumor de las conversaciones simultáneas en lugares públicos, pero pueden concentrarse mejor si escuchan música ambiental que sea de su gusto.

☆☆☆

En suma, lo que estos jóvenes líderes más necesitan es un oído atento, lugares para ejercer su gran energía y apoyo para hacer realidad sus esperanzas y sueños.

Capítulo 4

Los niños AVC: acróbatas de la palabra

Auditivos-Visuales-Cinestésicos

La Manera más Fácil de Aprender: Escuchar/Ver/Experimentar. La Manera más Fácil de Expresarse: Decir/Demostrar/Hacer

Revisión rápida del patrón

No es difícil detectar a un niño AVC porque pueden superar a muchos adultos en la conversación. Es más, es común que sean considerados como "listos" debido a que verbalizan fácilmente lo que piensan y así se adaptan al ritmo de las conversaciones que sostienen los adultos. Sus palabras siempre fluyen con lógica, sin dudar. Su plática es, en su mayoría, conceptual, su vocabulario es relativamente abstracto; les gustan los hechos, la historia y las ideas de todo tipo. Tienden a fascinarse con las lenguas extranjeras y las aprenden fácilmente. Algunas de las delicias para ellos son la música, el narrar historias, las rimas, el humor y los juegos de palabras. Disfrutan al explicar, debatir, discutir y argumentar casi cualquier idea. Siempre están deseosos de comprender y quieren ayudar a que los demás comprendan también.

Suelen ser lectores voraces muy motivados por la enseñanza académica. Por otro lado, las actividades prácticas, el aprendizaje de actividades deportivas y habilidades físicas pueden hacerlos sentir frustración y atemorizarlos. Es común que se muestren tímidos ante el contacto físico y pueden tener dificultades para hablar de sus sentimientos.

Características de lenguaje

El mundo de los niños AVC gira alrededor de las palabras. Usualmente comienzan a hablar desde una edad temprana. Rara vez dudan en hablar con alguien y les gusta discutir ideas, especialmente con personas que aparentemente saben más que ellos —ya sea adultos u otros niños—. Frecuentemente usan un vocabulario auditivo, con palabras y frases como "escucha, di, suena, comprende," o "eso me suena bien", "toquemos de oído" y "te llamaré pronto".

Les gusta divertir a los demás contando chistes e historias graciosas, creando poemas humorísticos y haciendo comentarios muy agudos e ingeniosos. También les gusta tratar de hacerse invisibles cuando detectan una conversación adulta intrigante o indiscreta.

Pueden ser muy exigentes con sus preguntas, especialmente las que comienzan con un "¿Por qué?". Se mueren por ser escuchados y por descubrir respuestas. Los maestros y los padres se quejan de que hablan demasiado o de que no permiten que los demás lo hagan. Pueden tratar de monopolizar la conversación, interrumpiendo a los demás en repetidas ocasiones. Tienden a ser selectivos al escuchar, poniendo sólo la atención necesaria para saber si se les está respondiendo de acuerdo con sus expectativas.

Ellos prefieren la compañía a la soledad; de hecho puede resultarles difícil el estar solos. Cuando entran en un cuarto lleno de extraños, suelen buscar las conversaciones más interesantes para unirse a ellas.

Memorizan instantáneamente lo que escuchan. Las primeras lecturas de estos niños se convierten en textos memorizados casi al pie de la letra. Suelen ser muy buenos estudiantes que hacen preguntas intrigantes y desarrollan sus opiniones fácilmente. Estos niños tienen que hablar para aprender y es por ello que aprenden por medio de la discusión: es allí donde se sienten a sus anchas. Responden rápidamente y siempre tienen algo que decir, desglosándolo punto por punto casi siempre. Pueden impacientarse con otros estudiantes que no tienen su agilidad verbal. Prefieren aprender de manera independiente para imponer su propio ritmo y obtener atención individual del maestro.

El rostro se les ilumina cuando hablan, pero se apaga cuando tienen que moverse. Rara vez mueven las manos al hablar, y cuando lo hacen se trata de movimientos tendientes a enfatizar lo dicho.

Características visuales

La mayoría de los niños AVC aprende a leer sin problemas; el método fonético les funciona muy bien. Usan los libros para alimentar su sabiduría lingüística y para acrecentar constantemente su lista de preguntas. Les gusta leer y que les lean en voz alta.

Son, por naturaleza, buenos escritores de ensayo, investigación y ficción por igual; tienen buena ortografía y habilidades para editar. Sin embargo, su escritura suele ser difícil de leer.

Aunque pueden mantener contacto visual prolongado, sus ojos parpadearán y tenderán a cambiar de objetivo si el contacto se mantiene durante mucho tiempo. Es común que necesiten romper el contacto visual para encontrar las palabras justas; por lo regular miran a un costado.

Los niños con este patrón de pensamiento tienen un canal visual intermedio que opera como un lente zoom. Pueden ver el todo y los detalles al mismo tiempo. Por ejemplo, podrían estar escribiendo un trabajo final, trabajando cada uno de los puntos que abordan sin perder de vista el desarrollo, ritmo e intención del escrito como un todo. Pueden construir imágenes visuales con los ojos abiertos o cerrados. Pueden analizar mentalmente cualquier tema desde muchas perspectivas.

Suelen experimentar confusión puesto que varias posibilidades se despliegan simultáneamente en su pantalla mental.

Características físicas

Los niños AVC podrían parecer renuentes o desilusionarse fácilmente cuando aprenden por primera vez a realizar una actividad física. Pueden interesarse mucho en los pasatiempos o experimentos que realizan con las manos y, al mismo tiempo, molestarse mucho debido a su propia torpeza. Se les dificulta mantener el ritmo corporal en consonancia con la música si no existe una guía visual. Para aprender movimientos o habilidades manuales necesitan palabras o metáforas que les ayuden a ver lo que deben hacer.

Prefieren no competir en actividades físicas. Se les puede dificultar el aprendizaje de técnicas atléticas estructuradas específicas, así que eligen las actividades más libres como correr, bailar, esquiar o nadar. Si les dan a escoger, estos niños preferirían leer en vez de salir al recreo.

Generalmente, requieren mucha variedad en lo que hacen. Debido a esto, su conducta puede parecer inconsistente. Les aburren las actividades repetitivas. Para evitar el aburrimiento pueden pasar de una actividad a otra y luego retornar a la primera, o crear nuevas aproximaciones para un trabajo de rutina en lugar de hacer lo mismo una y otra vez.

Algunos de ellos la pasan mal estimando la cantidad de tiempo que se requiere para hacer algo, especialmente en las labores nuevas o a largo plazo. También puede serles difícil darse cuenta rápidamente de lo que quieren hacer, así que en muchos casos tienen que comenzar algo para darse cuenta de que no quieren terminarlo.

Es típico que posean un sentido muy esquemático de su cuerpo. Tienden a percibir su cuerpo como un todo, así que les es difícil puntualizar y nombrar sensaciones específicas. Son capaces de ignorar las señales corporales durante mucho tiempo.

Las únicas ocasiones en no tienen qué decir es cuando se les pregunta con respecto a sus sentimientos o sensaciones corporales. En su patrón de aprendizaje no hay un nexo entre las palabras y los sentimientos (A-C); requieren de un eslabón visual. Tienen que callar y crear una imagen visual interna para construir un puente entre estos dos canales y acceder a esta información. Les puede resultar ser difícil encontrar las palabras adecuadas o les toma mucho tiempo hacerlo. Muchas veces, en lugar de decirle lo que sienten expresarán coherentemente las razones que les llevan a sentirse así. De cualquier modo, estos niños tienden a sentir profundamente lo que ven.

En general, podrían ser renuentes a hablar de cualquier cosa que sea cinestésica, particularmente de sus afectos. Para ellos, una manera cómoda de expresar afecto es decir lo que les gusta de alguien. Cuando se enojan es típico que griten o discutan violentamente. Ellos pueden relajarse o "ausentarse cuando se les toca", cuando se les pregunta lo que quieren hacer o cómo se sienten. Tienden a ser muy tímidos en lo relativo al contacto físico, a menos de que lo conozcan muy bien. Recuerdan el contacto físico, positivo o negativo, durante mucho tiempo. El tacto invasor, como un empujón por ejemplo, puede molestarles mucho y dejarles una impresión dolorosa y duradera.

Retrato de los niños AVC

"Virginia parecía ser muy estudiosa, y en las primeras semanas del quinto grado confundí esta característica con la seriedad", recuerda Anne. "Ella usaba lentes y siempre tenía la nariz metida en los libros; era la persona más curiosa que había conocido en mi vida. Su serie de libros favorita era la *Enciclopedia Mun-*

dial de los Libros; una vez me dijo que la mejor sección del libro era la de referencias cruzadas, es decir, la que comenzaba diciendo "Ver también...", que se encontraba al final de cada artículo —esa sección orientaba su mente en direcciones que no podía concebir por sí misma.

"Mi impresión de la Virginia estudiosa cambió dramáticamente en un día de noviembre en que los muchachos expusieron oralmente algunos libros. Su pasión era leer sobre mujeres famosas de la historia —Cleopatra, Harriet Tubman, Amelia Earhart, y su elección de aquel mes, la reina Elizabeth I—. Virginia comenzó a exponer un resumen biográfico de la reina. Cuando había consumido la mitad de sus cinco minutos de exposición, se puso una corona en la cabeza, lo cual transformó su cuerpo de 10 años, su rostro y su voz en la reina misma. (¡Nos pidió que la llamáramos así!) El acento de Virginia era perfecto y hacía movimientos graciosos como de soberana mientras emprendía un monólogo verdadero con exactitud. Los demás alumnos y yo reíamos deleitados y Virginia se veía muy complacida cuando volvió a su asiento después de la exposición. Su actuación como Elizabeth I era bastante difícil de seguir con atención.

"A instancias mías, el último viernes de cada mes, justo después del almuerzo, Virginia nos representó otro personaje histórico e histérico. En ocasiones, nuestro visitante de los viernes salía prácticamente del libro de ciencias sociales, en otras mostraba aspectos no muy conocidos. Ella y yo trabajamos para afinar sus capacidades de investigación, lo cual reforzaba la sensación de la época y la vida de los personajes. Al incrementarse la confianza y el conocimiento de Virginia, los monólogos se convirtieron en diálogos; muy segura de sí misma, nos invitaba a hacerle preguntas que respondía con total dominio del personaje. Ella misma se sorprendía de la profunda comprensión que lograba. Todo esto se proyectó en su persona, en su aprendizaje y en una revitalización de la historia para todos nosotros."

Comunicándose con los niños AVC

Cómo apoyar su canal auditivo

Lo que parece más importante al hablar con estos niños es asumir que comprenden lo que se dice. Evite hablarles como si no le fueran a comprender y evite repetir las cosas una y otra vez. Si no está seguro de que le hayan comprendido, pregúnteles en lugar de repetir las cosas. Utilice palabras precisas. Comprenden fácilmente y les fascinan las sutilezas en el lenguaje. Dése cuenta de que asimilan las instrucciones orales instantáneamente. Si parecen confusos, invítelos a hacer preguntas complementarias.

Reserve tiempo para escucharlos; ellos apreciarán al darse cuenta de que en verdad escucha. No finja. Hágales saber si no puede escuchar en ese momento y termine la discusión a la primera oportunidad. Hágales saber que escucha al responder a sus preguntas con mucha concreción.

Procure que sean más corteses cuando escuchan. Recuérdeles que no deben interrumpir. Cuénteles historias con finales sorpresivos que los ayuden a escuchar todo el tiempo. Haga que escuchen el sonido del océano y de los árboles, el ronroneo de un gato o su propio ritmo cardiaco. Ayúdelos a descubrir que la comunicación va más allá de las palabras.

Los niños con este patrón de pensamiento son sensibles a las palabras y tonos de voz de los demás, pero pueden no darse cuenta del efecto que su discurso tiene en los demás. El repetir su discurso puede auxiliarlos en el monitoreo de lo que dicen y cómo lo dicen.

Cómo apoyar su canal visual

Comparta actividades visuales con ellos: lea y discuta libros y artículos, especialmente aquellos que expresen puntos de vista fuera de lo común, juegue a las cartas con ellos, viajen y discutan lo que vieron.

Apoye a sus hijos usando su canal visual para explorar los retos o los aspectos confusos de su vida. Aliente la escritura de diarios para permitir que su pensamiento profundice con la palabra escrita. Sugiérales que escriban historias con distintos finales para ayudarles a descubrir qué alternativa les parece sensata.

Ayúdelos a descubrir cómo las metáforas pueden añadir un nuevo significado a su experiencia. ¿La vida es como una montaña que debemos escalar? Haga que pasen de la visión global al detalle y viceversa como si fueran un lente zoom, examinando los eventos importantes en detalle mientras se profundiza en el aspecto integral de los sucesos, hasta lograr una comprensión que conduzca la concepción de la vida como un todo.

Ellos necesitan desviar la mirada para encontrar las palabras; no espere que mantengan el contacto visual durante mucho tiempo.

Cómo apoyar su canal cinestésico

Si su niño habla demasiado rápido o discute inescrupulosamente, sugiera un cambio cinestésico o visual para calmar la situación, ayúdele a profundizar o alterar el tono de la conversación. Invítelo a caminar o siéntese a su lado y no frente a él. Favorezca la elaboración de dibujos y diagramas o use colores para ilustrar lo que sucede.

Para reducir su actividad verbal, tómelos de la mano o ponga la mano en su hombro. También puede cambiar el ritmo de las cosas con una pregunta distinta. Pregúnteles cómo se sienten. Tendrán que callarse para obtener esta información; use vocabulario cinestésico —palabras de acción y sentimiento— para tranquilizarlos.

También desean respeto y comprensión para su necesidad de aprender las cuestiones físicas a solas, en ocasiones con lentitud y en privado. Siga sus sugerencias al llevar a cabo actividades físicas juntos. Permítales imponer el ritmo y la duración de una caminata, de una sesión de nado o de un paseo en bicicleta.

Evite la utilización del humor físico, como por ejemplo las cosquillas, las palmadas o empujones. Mejor limítese al humor verbal, siendo éste no sólo el campo ideal para su desempeño, sino también el campo en que pueden brillar.

Cuando les enseñe tablas gimnásticas o cualquier otra actividad física, hábleles, muéstreles cómo lo hace usted e invítelos a desarrollar su propio método para hacerlo. Por favor no insista en que hagan las cosas como usted las hace. Pueden requerir privacía, espacio y tiempo para experimentar por su cuenta.

Ayudando a los niños AVC en casa

Generalmente, los niños con un patrón mental AVC tienen pocos problemas para "triunfar" en la escuela. Su capacidad verbal los puede llevar muy lejos en las actividades académicas. Desafortunadamente, esto puede provocar una impaciencia extrema con las actividades físicas, mismas que deben aprender más lentamente.

Como padres, aliéntelos amablemente para que aprendan con su cuerpo y manos a una velocidad reducida. Además, ayúdelos a conocer la profunda satisfacción de llevar su aprendizaje más allá de los conceptos para convertir su experiencia teórica en vivencia real.

Los niños nunca tienen tiempo suficiente para desahogar su abundancia verbal en la escuela y solidificar su aprendizaje. Siempre tienen preguntas y una necesidad intrínseca de decir lo que entienden con sus propias palabras. Los padres pueden apoyar a estos niños al dedicar tiempo para escucharlos, grabando en una cinta lo que tienen que decir para que ellos mismos lo escuchen, o dándoles oportunidad de cantar, participar en obras de teatro, etcétera.

Al ver y experimentar lo que aprenden, pueden recibir un impacto profundo. Procure que lo aprendido cobre vida para ellos. Si estudian los estados de la república, fíjese a cuántos de ellos pueden visitar o a quién conoce que viva en cada uno. Si se interesan por la política, llévelos a reuniones de la comunidad en donde puedan ser testigos o involucrarse en labores sociales de la localidad.

Ayude a que estos niños desarrollen su sabiduría preguntándoles su opinión en una amplia variedad de

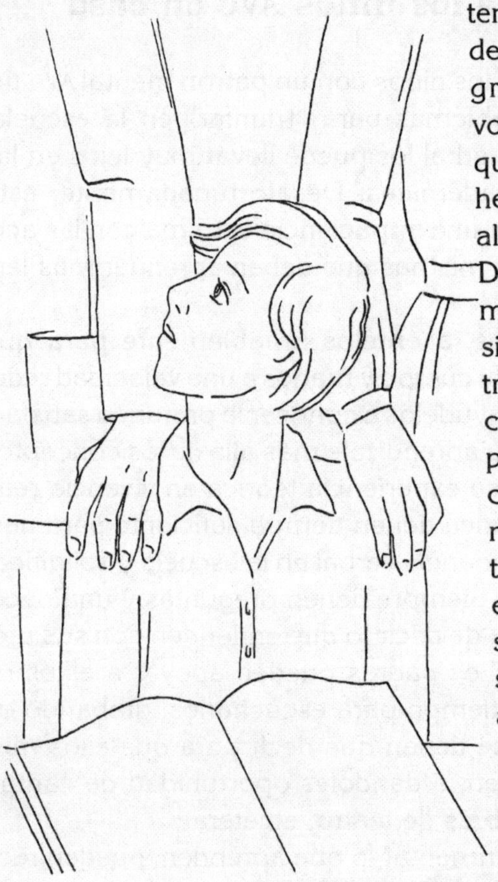

temas, desde un detalle de un programa televisivo hasta el porqué prefieren el helado de vainilla al de chocolate. Dígales qué le llama la atención, sin importar si se trata de escribir comedia, de las percusiones africanas o la mecánica automotriz. Involúcrelos en discusiones sobre las decisiones que los afectan.

Apoye cualquier actividad física que deseen emprender, pero no los obligue a participar en actividades deportivas grupales. Permita que elijan en este campo y apóyelos cuando se trate de aprender actividades físicas paso a paso.

Ellos se organizan hablando sobre lo que debe hacerse y haciendo notas. Ayúdelos a llevar un registro de sus encomiendas por medio de las anotaciones.

Los niños con este patrón memorizan al repetir las cosas. Al convertir la información en canciones de *rap* podría lograr eficiencia y diversión para ellos. Puede convenirles el grabar las cosas y mirarle a usted sincronizar los labios con lo que deben memorizar.

El grado de silencio en casa es un factor muy importante al momento de estudiar. Algunos tienden a distraerse con el ruido y necesitar silencio total para concentrarse; otros pueden concentrarse bien con música de fondo o ruido exterior.

Algunos tienen problemas para planear el trabajo escolar, especialmente los proyectos a largo plazo. Enséñeles a dividir los trabajos largos en fracciones cortas y a trazarse objetivos y plazos realistas. Enséñeles a tomar en cuenta la variedad en la distribución de su tiempo. Se aburren fácilmente al aplicarse a la misma labor por un largo periodo y la calidad puede resultar afectada.

Al trabajar en proyectos, ellos pueden hablar sobre lo que quieren hacer con mucho detalle; sin embargo, podrían proponerse cosas que sus manos no ejecutarán fácilmente. Procure que estos niños planeen presentaciones sencillas.

☆☆☆

En suma, apoyar a los niños que tienen patrón de pensamientos AVC significa alentarlos a descubrir las ideas y preguntas que ampliarán su perspectiva y ayudarlos a darle voz a todo lo que permanece en su interior.

Capítulo 5

Los niños CAV: dinámicos y coordinados

Cinestésicos-auditivos-visuales

La Manera más fácil de Aprender: Experimentar/Escuchar/Ver. La Manera más Fácil de Expresarse: Hacer/Decir/Demostrar

Resumen del patrón

Reconocerá a los niños CAV por sus cuerpos fuertes y activos, y por sus ojos tímidos y sensibles. Parecen estar en constante movimiento. Inclusive cuando se sientan rara vez están quietos. Prefieren relacionarse con el mundo, en primera instancia, por medios tangibles —tocando, probando, oliendo o experimentando cualquier cosa nueva para sus manos o cuerpos—. Tienden a ser atletas "naturales" bien coordinados que gustan de los deportes muy competitivos.

Ellos establecen contacto visual interrumpido. Su escritura es inmadura y poco clara. Se muestran renuentes con la lectura y la escritura; puede tomarles mucho tiempo completar las actividades que requieren de estas dos habilidades; suelen "soñar despiertos" o "ausentarse" cuando se les pide que no se muevan y que pongan atención visual a la clase.

También son muy cariñosos, inclusive melosos. Les encanta tocar y ser tocados. Usualmente disfrutan el conversar sobre sus sentimientos y experiencias personales.

Características físicas

Los niños CAV parecen tener una reserva inagotable de energía física. En el salón de clases, tienden a ser los inquietos, los que hacen ruido con los pies, los que mascan chicle, los que se tocan un rizo constantemente, los que muerden lápices o aquellos que hacen viajes frecuentes al baño o a los bebederos.

Aprenden las cosas que involucran el uso directo de su cuerpo. Sus movimientos son fuertes, firmes, directos y detallados. Les gusta trabajar con las manos: cuando son más jóvenes suelen elegir los juguetes de bloques para construir; al crecer pueden volverlos locos los coches, o trabajar con madera y manualidades.

Los niños con este patrón de pensamiento son muy competentes para la acción, prefieren estar de pie y en acción en vez de sentarse en un escritorio. Generalmente tienen un vigor físico sorprendente y hacen las cosas con lógica. Frecuentemente se ofrecen como voluntarios para actividades que tienen que ver con el movimiento o para las labores activas de la clase.

También son capaces de verbalizar y acceder a las sensaciones corporales específica y organizadamente.

Pueden decirle con exactitud qué parte de la cabeza les duele o que músculo de su pierna ha sufrido un tirón; también pueden decir exactamente qué lugar de la espalda quieren que usted les rasque. La comodidad física es muy importante para ellos. Pueden emprender largos recorridos hasta encontrar una silla cómoda, la posición correcta para sentarse o la ropa que tenga el peso y la textura que corresponda a su gusto.

La mayoría de ellos acceden al contacto físico de manera natural; para ellos es una manera casual pero importante para establecer contacto. Necesitan tocar y ser tocados. En el caso de los más jóvenes, si esta necesidad no se satisface positivamente, pueden optar por golpear o empujar con tal de establecer contacto físico. Los de más edad pueden enredarse en actividades sexuales tempranas si su necesidad de tocar no es satisfecha por otros medios no sexuales.

En general, estos niños están atentos a sus emociones. Pero usted no podrá ver esos sentimientos reflejados en su rostro. Generalmente, tienen gestos faciales inexpresivos; sus cuerpos hablan al ponerse de pie, al moverse o al tocar. Cuando se enojan, tienden a exagerar la expresión corporal, ya sea con pataletas, berrinches, arrojando objetos, golpeando o con conductas equivalentes.

Características de lenguaje

Es común en ellos que las gesticulaciones con las manos precedan un pensamiento hablado, como si el movimiento les ayudara a expulsar las palabras; es algo así como la batuta de un director de orquesta. A estos niños les encanta hablar de lo que han hecho, cómo lo hicieron y qué sintieron al hacerlo. Se aburren al discutir ideas abstractas. Al ser muy aptos para hablar sobre las acciones a emprender, utilizan mucho vocabulario cinestésico —palabras y frases que describen acción y sentimiento, como por ejemplo, "sentir las cosas", "¿qué sientes cuando...?" o "puedo manejar esta situación"—. Podrían terminar las conversaciones con un "te encuentro después", o "juntémonos pronto".

Son especialmente diestros para enseñar a que la gente haga cosas, puesto que no les cuesta trabajo convertir las acciones en palabras. A estos niños les gusta contar historias sobre las experiencias que han tenido; suelen usar metáforas cinestésicas al hablar. ("Lo arrojé rápido como una bala.") Es común que quieran convencer a los demás de que hagan las cosas a su manera.

En ocasiones necesitan analizar las cosas en voz alta. Podrían comenzar una conversación hablando sobre las diferentes opciones disponibles pero, cuando están a punto de terminar, sabrán qué opción es la mejor al haber hablado del asunto.

Características visuales

Los niños con el patrón CAV son muy tímidos ante el contacto visual: para ellos es muy difícil mantener el contacto visual. Prefieren desviar la vista y sólo echan vistazos ocasionales a la persona con quien hablan. Si se les requiere que miren durante mucho tiempo, sus ojos parecen distantes y/o vidriosos. Pueden escuchar con poco o ningún contacto visual, incluso cuando están haciendo otra cosa. Muchos niños actúan con timidez o rudeza si se les mira, particularmente en el caso de personas extrañas o en público. También pueden ser tímidos cuando se les quiere tomar una fotografía.

También son influidos por las imágenes que entran por los ojos. Los aspectos desagradables, especialmente los que indican crítica o juicio, pueden ser más dolorosos que el castigo físico o verbal. Las sonrisas y las miradas amorosas y cálidas también pueden producirles impresiones duraderas. Las notas, cartas o dibujos que se escriben o dibujan para ellos también pueden afectarlos por mucho tiempo. Los niños mayores que utilizan este patrón de pensamiento pueden ser muy quisquillosos en la elección de las imágenes que aceptan, particularmente en el caso de las películas, programas de televisión, videos o la decoración de interiores.

Son lectores reticentes; sus ojos tienen problemas para concentrarse en las letras impresas pequeñas y apretadas. Se les dificulta recordar el vocabulario visual y parecen perderse en las páginas. Por lo tanto, tienden a leer poco, pero cuando lo hacen eligen libros o revistas delgados, con grandes ilustraciones en las que se embeben, recordando mejor los sucesos o sentimientos de los personajes.

La escritura puede ser trabajosa para ellos. Pueden tener problemas para formar las letras. Su estilo de escritura suele ser inmaduro y raras veces claro. Estos niños tienden a formar pilas, y a veces necesitan mantener las cosas a la vista y no dentro de sus cajones o escritorios. Es común que describan con precisión en qué pila se localiza lo que usted busca.

Los niños con este patrón pueden sentirse abrumados por la visión de libros detallados o decoraciones sobrecargadas; en consecuencia, tienden a soñar despiertos en los salones de clase. El ambiente ideal para su "ausencia" mental se lo proporciona el salón de clases: no soportan el tener que estar sentados y mirar algo en específico. Es común que sus cuerpos hiperactivos los mantengan alertas y despiertos en un ambiente visual muy demandante. Necesitan que la visión de los demás niños sea simple y clara, pero más que cualquier otra cosa, necesitan moverse.

Los niños CAV prefieren retener una visión amplia, la perspectiva global; pueden capturar la totalidad de algo con un vistazo. Consecuentemente, son expertos en encontrar objetos perdidos; se podría decir que son especialistas en encontrar agujas extraviadas en pajares.

Anne comenta: "Caminaba sola para ir a la playa cuando mi joven amigo Andrew me dijo: '¿No es lo más hermoso que ha visto?' Me tomó bastante tiempo encontrar la bella libélula que él había detectado, bien camuflada entre las hierbas de un estanque. Sus ojos descubrieron el tesoro de ese instante, discriminando entre cientos de cosas qué ver en la cercanía y la lejanía para advertir una hermosa criatura estática."

Retrato de los niños CAV

"Scott era un alumno violento del quinto grado, agresivo, jugador natural de futbol americano; un niño que parecía acercarse a las situaciones interactivas con los puños cerrados y en guardia", escribe Anne sobre uno de sus exalumnos. "Los otros muchachos procuraban evitarlo, excepto en la clase de gimnasia, donde solían escogerlo para cualquier juego. El cuerpo de Scott era elocuente, listo para la acción, relajándose al tocar o jugar con su cabello. Yo miraba sus constantes movimientos durante la clase.

"Su energía parecía exceder la capacidad de una mesa para cuatro. Las materias que se relacionaban con la lectura y la escritura eran confusas y molestas para él, lo cual lo frustraba enormemente; en esas clases, apretaba la mandíbula y los puños y murmuraba entre dientes"

"Un día en que pasaba lo anterior, señalé a la puerta, en dirección al patio y sugerí que le diera dos vueltas corriendo para calmarse. Regresó y se sentó tranquilo en su silla. Al sentirse menos frustrado, se aplicó al trabajo. En los días siguientes noté que su concentración disminuía y su ira aumentaba; entonces señalé a la puerta y él salto de su silla para correr otras dos vueltas al patio. Y llegó el día en que, al arrodillarme junto a otro alumno, sentí la presencia de Scott cerca de mí. Vi que su mano señalaba la puerta; era como si me dijera que sabía lo que necesitaba en ese momento. Ése fue un momento muy intenso, un momento de profundo aprendizaje, puesto que Scott interpretó sus propias señales confiando en su mente."

Comunicándose con los niños CAV

Cómo apoyar su canal cinestésico

Usted puede conectarse bien con su hijo CAV al realizar juntos actividades diversas, siendo afectuosa físicamente y dejándole saber que aprecia lo que hacen y lo hacen bien. Haga planes familiares que los incluyan: construya una casa en un árbol, planten en el jardín, hagan la limpieza primaveral o cocinen juntos una cena abundante. Pregúnteles con qué labores domésticas les gustaría ayudar de modo que experimenten que su esfuerzo personal contribuye al bienestar familiar. Diviértanse activamente, jueguen y hagan deporte juntos.

Descubra lo que quieren aprender a hacer. Haga que le enseñen algo que sepan y usted no. Intercambie ideas sobre nuevas maneras de hacer las cosas. Reconozca su capacidad física y ayúdelos a ampliarla por las nuevas vías que ellos escojan.

No insista en que se sienten sin moverse. Tenga en mente que el movimiento les ayuda a estar alerta. Procure tocarlo; el gusto y los aromas pueden ser parte de su primer contacto con las cosas nuevas.

Comprenda la necesidad de contacto físico, sana y vigorosa, de estos niños. Responden bien a un abrazo, una palmadita cariñosa o a una caricia. Cuando usted no esté presente, ellos pueden acariciar a una mascota o a un animalito de peluche. Ayúdelos a ser conscientes de que necesitan del contacto físico. Indíqueles que se acostumbren a pedir lo que necesiten para que no tiendan a buscar maneras negativas de obtener esta clase de atención.

Si su niño hace berrinches o se desahoga físicamente, espere a que se calme para hablar de lo sucedido, de cómo se sintió el descargar toda esa energía y del mensaje verdadero que se ocultaba detrás del berrinche. Considere que el berrinche es producto de necesidades comunicativas que él no pudo transformar en palabras y no una reacción simple que deba ser ignorada. Programe alguna clase de actividad física, como salir a caminar o arrojar rocas, que puedan realizar cuando el niño se sienta frustrado hasta que toda su energía logre cobrar forma en palabras.

Respete las necesidades de ellos: necesitan sentirse cómodos físicamente hablando. Las prendas que no les queden bien o que irriten su piel les provocarán distracción. Comprenda que, para permanecer cómodos, requieren ajustar su posición corporal continuamente. Pueden ser muy quisquillosos con la ropa de cama, los muebles y la textura de sus implementos deportivos. ¡Se rumora que la princesa que sintió un chícharo debajo de su colchón era una CAV!

Cómo apoyar su canal auditivo

Invite a que los niños CAV hablen sobre sus sentimientos y experiencias personales. En lugar de preguntar, "¿Qué piensas?", pregunte, "¿Qué sientes?" o "¿Qué has hecho?"

La comunicación verbal será más efectiva si ésta incluye un componente cinestésico. Converse mientras hacen algo: caminar, jugar basquetbol, o cocinar la cena. También es benéfico el que tengan algo en las manos, pues así ponen atención más fácilmente. Es probable que quieran estar muy cerca de las personas con quienes conversan. Si éste es el caso, permanezcan hombro con hombro y así permitirá que su conversación sea más fluida, evitando el contacto visual directo.

Cuando sea posible, trate de hablar con ellos usando palabras activas, sensibles; explíqueles las cosas en términos que denotan el cómo hacer algo, cómo funciona o cómo podría sentirse. Permítales expresarse en voz alta para analizar las cosas cuando se sientan confundidos. Para ellos es importante hablar mientras evalúan; así escuchan lo que oyen o aprenden, descubriendo lo que les parece verdadero.

La música puede tener un efecto poderoso en el estado emocional y físico de ellos. El tararear canciones o música instrumental puede ser muy efectivo para ayudarlos a calmarse o dormir. También es bueno dejarlos cantar o tocar instrumentos, pues esto les permite disponer de un desahogo de la energía creativa y física.

Cómo apoyar su canal visual

Los niños CAV tienen mentes que ven las situaciones globales en un instante; observan las posibilidades desde una perspectiva amplia. Al mismo tiempo, se les dificulta notar detalles visuales. Por ejemplo, pueden mirar a alguien y decirle lo que esa persona siente sin fijarse en el color de sus ojos o en la ropa que lleva puesta.

Pregúnteles acerca de sus sueños e imaginería. Hable con ellos sobre la elaboración de planes de acción paulatinos, detallados, que hagan posible convertir una visión en realidad.

Respete la sensibilidad de su canal visual. Por favor no les indique qué deben ver o lo que vieron o no vieron. Aliente la confianza en sus propios ojos para que se percaten del efecto producido por la información visual asimilada. Respete su decisión de retirar la vista o de rehuir las imágenes visuales que puedan resultarles dolorosas o desagradables. Las imágenes agradables o desagradables pueden permanecer mucho tiempo en su mente.

Enséñeles a hacer elegir cuidadosamente lo que miran. Una vez que se involucran visualmente en un programa de televisión, película, fotografía u obra de arte, pueden perderse totalmente y ser profundamente influenciados por la imagen respectiva. Otra cosa que puede ayudarles a elegir cómodamente es el hablar sobre lo que ven o leen en un momento determinado.

Ayudando a los niños CAV en casa

Algunos niños con el patrón de pensamiento CAV pueden pasar momentos muy difíciles en la escuela. Su abundante energía física es catalogada como "hiperactividad". Cuando se relajan o "ausentan" en clase, como resultado del ambiente visual de la mayoría de los planteles educativos, se piensa que padecen de "falta de atención". Cuando sus ojos responden al esfuerzo de enfocar consistentemente la letra impresa pequeña, los maestros suelen llamarlos "disléxicos".

Estas etiquetas sólo representan intentonas de los maestros para tratar de explicar las razones que llevan a que el niño deje de responder a la instrucción tradicional en el aula. Probablemente, una comprensión de su patrón de aprendizaje ayudará a que los padres y maestros se acerquen a la satisfacción de las necesidades educativas presentes en estos niños. Inclusive para aquellos que no han sido tan etiquetados, las demandas visuales y las restricciones físicas de los salones de clases tradicionales, pueden convertir a la escuela en una experiencia frustrante. Los padres de estos niños pueden apoyarlos efectivamente al proveer lo que apenas se ofrece en la mayoría de las escuelas:

oportunidades para usar sus cuerpos y vista en el proceso de creación.

Ellos recuerdan mejor cuando manipulan o experimentan. Complemente la lectura y la escritura con actividades que reafirmen lo que han estudiado. Deje que fijen cables a las baterías para probar focos y que completen un circuito por sí mismos, de modo que le den vida a los diagramas y demostraciones que ofrecen los libros. Viajen juntos. Si su niño está aprendiendo sobre los veleros antiguos, por ejemplo, visite algún museo, puerto o marina para que pueda caminar por la cubierta, tocar el timón y recostarse en la hamaca de algún tripulante. Después de esa experiencia, cobrarán significado e importancia las imágenes e historias de barcos.

También reforzará lo aprendido si usted procura que haga modelos, de un molino o una maqueta de la batalla de Bunker Hill. Otra manera de aprovechar la capacidad particular de ellos es actuar para él las historias de los libros o buscar ejemplos muy concretos y tangibles en relación con las matemáticas.

Procure que su niño juegue en exteriores o practique algún deporte antes de hacer la tarea. Esto le ayudará a equilibrar la naturaleza sedentaria del típico día escolar y facilitará la concentración cuando llegue el momento de sentarse y trabajar.

Descubra cómo liberar la presión y los problemas de lectura y escritura en casa. Para ellos puede ser díficil leer sin relajarse o ausentarse si no se mueven o balancean. Es bueno sentarlos en mecedoras o en bicicletas estacionarias; esto proporciona el movimiento necesario para que sueñen despiertos mientras leen. También puede ser útil que señalen con el dedo índice la línea que leen en las páginas. La lectura en voz alta ayuda a que mantengan la concentración.

Invite a que sus niños le digan qué sucede en las historias que leen. Hágales preguntas para ayudar a descubrir la similitud entre lo leído y sus sentimientos o experiencias. Esto reforzará su comprensión. Pueden sentirse más cómodos al escoger libros o revistas que contengan grandes ilustraciones.

La coordinación ojo-mano necesaria para la escritura puede traer problemas a algunos de ellos. Consígase un pizarrón o pegue una hoja grande de papel en la pared para que practiquen con todo su cuerpo y escriban letras grandes mientras aprenden. Comprenda que su caligrafía nunca podría ser ordenada y pareja.

El contenido de lo que ellos escriben debe provenir de la experiencia. Aliente a que escriban historias de épocas pasadas de su propia vida, o que manden cartas a sus amigos contándoles lo que han hecho. Al principio, sea su secretaria: escriba las palabras para ellos para permitirles crear sin tener que luchar con el acto de escribir y recordar los detalles visuales del español.

Procure que sus niños cuenten con los medios necesarios para expresar sus sueños e imágenes internas. Ayúdelos a explorar los aspectos más creativos de su canal visual para equilibrar los aspectos concretos en que se concentran los sistemas educativos. En casa, procúreles artículos de arte, como pinturas, plastilina, pasteles o madera.

Después de que en la escuela se les pide que concentren su atención en detalles visuales, estos niños podrían necesitar oportunidades para relajarse o ausentarse, sintiendo la amplitud del mundo. Haga que encuentren el placer que brindan las imágenes visuales. Cuando caminen juntos, invítelo a que vea la forma de las nubes, por ejemplo.

Ellos están siempre pendientes del medio que los rodea. Ayúdelos a crear lugares de estudio en los que puedan moverse o permanecer sentados. Descubran juntos qué funciona mejor en cuestiones de mobiliario, luz, temperatura, aire fresco y humedad ambiental.

☆☆☆

En suma, estos niños inquietos y coordinados necesitan divertirse y jugar para canalizar su abundante energía; también requieren de contacto físico cariñoso y atención cuando le hablan de sus sentimientos, esperanzas y sueños.

Capítulo 6

Los niños CVA: viajeros de la imaginación

Cinestésicos-Visuales-Auditivos

La Manera más Fácil de Aprender: Experimentar/Ver/Oír. La Manera más Fácil de Expresarse: Hacer/Demostrar/Decir

Resumen del patrón

Los niños CVA son cariñosos de natural callado, reservado, que tienen una presencia física intensa y que parecen rodeados de un profundo silencio. Poseen una energía delicada, receptiva y suelen tener cuerpos armónicos. Dan la impresión de vivir cuando se mueven. Al ser coordinados por naturaleza, estos niños aprenden actividades físicas fácilmente, prescindiendo de la instrucción verbal.

Usualmente, hablan en voz baja; parece que siempre sintieran y observaran las acciones de los demás.

Las palabras fluyen de su boca con lentitud, consistentes. Para ellos puede ser especialmente difícil hablar sobre sentimientos. Pueden abrumarse al tener que escuchar un gran número de palabras. Estos niños son personas reservadas que disfrutan al trabajar o jugar solos o con un amigo muy especial. Para ellos es más fácil relacionarse con los animales que con la gente.

También suelen interesarse por cuestiones aparentemente dispersas y contradictorias. Éstos son los niños que gustan del futbol y del arte, de la costura y la química. Parecen tener una gran intuición de los puntos coincidentes en las actividades más diversas.

Características físicas

El movimiento es muy importante para estos niños. Tienen mucha energía física. Pueden sentirse incómodos si se les pide estar quietos; algunos parecen moverse continuamente. Prestarán más atención si se les permite elegir entre ponerse de pie y bostezar o mantener las manos ocupadas mientras escuchan o miran.

A ellos les gusta "hacer" la mayor parte del tiempo; les gusta el deporte y aprenden actividades físicas sin problemas. La actividad física de cualquier tipo favorece su estado de alerta. Estos niños pueden ser muy organizados y detallados en sus actividades. Son trabajadores diligentes cuando tienen la certeza de que pueden triunfar. Generalmente poseen una muy buena coordinación entre la vista y las manos, y son muy buenos para integrar las partes de un todo, en ocasiones de manera bastante creativa.

Ellos suelen estar muy conscientes de las sensaciones específicas de su cuerpo. Dado que la comodidad física es muy importante para ellos, pueden emprender largos recorridos antes de elegir la silla más cómoda o invertir muchísimo tiempo en determinar la postura que más les gusta para sentarse. Tienden a escoger ropa cómoda que permita libertad de movimiento, aunque también les importa cómo se les ve.

En general sienten las cosas profundamente, pero puede resultarles casi imposible expresar sus sentimientos en palabras. Pueden volverse indiferentes y necios si algo que consideran importante no se hace a su manera. Cuando se enojan tienden a ceder más que a luchar. El contacto físico es natural para ellos y necesitan tocar y ser tocados por igual.

Los niños con este patrón de pensamiento tienden a preferir la soledad o, cuando mucho, la compañía de una o dos personas especiales en lugar de participar en grandes reuniones sociales. Si están en grupo, buscarán un lugar apartado para sentarse, observar y escuchar.

Características visuales

Los niños CVA pueden mantener un contacto visual prolongado, pero sus ojos parpadearán o tenderán a cambiar de objetivo si el contacto se alarga demasiado. Sus ojos lucirán brillosos y cansados si se les pide que escuchen muchas palabras; es común que necesiten mirar a otro lado para determinar lo que quieren decir.

Ellos poseen una capacidad tridimensional para construir imágenes. Esto significa que, literal y figurativamente, ven las cosas desde varias perspectivas. Pueden manipular y transformar letras, palabras, imágenes, diseños y diagramas en su mente. También pueden analizar un tema desde muchas perspectivas, tanto en lo global como en los detalles.

Muchos de ellos tienen problemas para aprender a leer si se les enseña con el típico método fonético, puesto que el sonido de las palabras puede ser poco efectivo para ellos. Inclusive si son capaces de descifrar una palabra en una ocasión, puede que a la siguiente ocasión ya la hayan olvidado. Al tratar de averiguarlo, recordar el significado de una palabra extraña, estos niños pueden perder fácilmente el contexto de la historia. Pueden requerir de su dedo índice para señalar la línea que leen y no perderse en la página.

Características de lenguaje

Los niños CVA necesitan sentirse seguros, aceptados y escuchados para conversar. Normalmente son muy callados e introspectivos cuando se trata de hablar en público. No les gusta hablar en voz alta y pueden congelarse cuando se les presiona para que hablen.

Inclusive cuando se sienten cómodos, es común que las palabras no fluyan fácilmente. Su discurso puede presentar largas pausas. Frecuentemente, se tardan en responder preguntas, en recordar el nombre de algo o la palabra exacta. Sus respuestas pueden ser cortas, concisas y, a veces, sorprendentemente originales y visionarias. Sus argumentaciones podrían ser circulares, sin llegar jamás al punto clave, y parecen hacer infinitas preguntas que, por lo regular, no pueden responderse.

Frecuentemente, utilizan abundante vocabulario cinestésico, es decir, palabras que implican acción o sensaciones, como por ejemplo "agarrar", "sostener", "tomar", "suave", o "mover", y frases como "se siente bien", o "estaré en contacto". Rara vez intrigan y suelen olvidar los títulos y significados de las siglas. Cuando hablan, su rostro se vuelve inexpresivo.

Algunos pueden ser lentos para aprender a hablar; pueden ser los típicos niños que sorprenden a sus padres al no hablar en absoluto para, de pronto, soltarse hablando con oraciones completas. En ocasiones, utilizan cierta pronunciación particular para determinadas palabras, situación que puede continuar por mucho tiempo.

También se abruman cuando escuchan muchas palabras y se relajan o ausentan si tienen que sentarse quietos a escuchar o mirar algo ininterrumpidamente porque su inconsciente mental es activado. Esto también significa que les afecta mucho lo que se les dice. Las frases críticas o agresivas pueden hacer eco en su mente durante años. En lo posible, la crítica debe ser escrita, no hablada.

Retrato de los niños CVA

"Steve era un niño que yo describiría como dulce, parecido a esos chocolates oscuros y sustanciosos", recuerda Anne. "Poseía una energía delicada y simple; su cuerpo era fuerte y grácil, como el de un pura sangre. Era un niño muy reservado, callado y firme en sus hábitos de trabajo pero no era un estudiante destacado.

"En la primera semana del quinto grado, hicimos un *collage* para presentarnos ante los demás; en el centro del *collage* de Steve había una foto de él sosteniendo un balón de futbol soccer. Alrededor, con letra esmerada, escribió los nombres de aquellos deportes que amaba, desde las patinetas y el motocross hasta la natación y el hockey sobre hielo, con dibujitos de personajes caricaturescos para cada deporte, mismos que le encantaba dibujar.

"Ese año, durante la última media hora de cada día, implementamos algo que llamábamos El Círculo Mágico. Esto era una oportunidad para que los chicos compartieran sus sentimientos en relación con temas variados en un ambiente cordial. Nadie podía interrumpir y todos tenían el derecho de dejar pasar su turno si no querían hablar. Durante los primeros meses, Steve se movía en su asiento, pero nunca habló; siempre pasaba su turno prefiriendo escuchar a sus compañeros, muchos de los cuales brincaban en sus asientos pidiendo la palabra para hablar de sus sentimientos. Él parecía un poco apenado, pero la verdad es que 30 minutos no eran suficientes para que tomara valor o encontrara las palabras justas.

"Un día, algo le interesó a Steve. El tema en cuestión era algo relacionado con los deportes, con alguna ocasión en que hubiéramos ayudado para que nuestro equipo ganara. Para sorpresa de todos (y para mi satisfacción), Steve habló de un juego de futbol soccer en que anotó el gol decisivo para la victoria de su equipo. 'Me sentí orgulloso', dijo.

"Al día siguiente, llevó un dibujo de un perrito muy gracioso. El diseño era ingenioso —dispuso agujeros con hilos que movían los ojos de la figura—. Al pie, una inscripción, 'Charlie', parecía significar 'orgulloso'. Cada dos o tres días aparecía un nuevo 'Charlie', cada uno con distinta postura corporal y ojos que representaban emociones diversas. Trajo sus Charlies al Círculo. Hubo ocasiones en que el mirar sus Charlies le ayudaba a encontrar las palabras que describieran sus sentimientos. A veces levantaba a algún Charlie y dejaba que el muñeco hablara por él. Después de la llegada de los Charlies, Steve pasaba su turno muy rara vez al haber encontrado una manera divertida y creativa de expresar sus sentimientos y experiencias que, al mismo tiempo, le permitía respetar el ritmo lento de sus palabras."

Comunicándose con los niños CVA

Cómo apoyar su canal cinestésico

Los niños CVA quieren participar de la actividad, ser tocados y apreciados por lo que saben hacer. Los contactos más efectivos con ellos comienzan al hacer algo juntos. Juegue con ellos siguiendo sus pautas. Practiquen deportes juntos. Comparta con ellos la naturaleza tanto como pueda. Encuentre la manera de compartir proyectos activos: construya un *go-cart*, haga experimentos de química, galletas o plante árboles. Involúcrelos en las tareas familiares que les permitan constatar la verdadera contribución de sus esfuerzos: bañar al perro, barrer las hojas, aspirar la alfombra, pintar una habitación. Pregúnteles qué quieren aprender a hacer. Invite a que le enseñen algo que ellos sepan hacer y usted no. Intercambie puntos de vista sobre cómo hacer las cosas.

Permítales estar de pie y moverse o usar las manos si usted quiere que estén sentados. Procure que abunden oportunidades en las que tocar, gustar u oler pueda ser parte de su primera aproximación a lo novedoso.

Comprenda la genuina y sana necesidad de tacto que reina en estos niños: abrazos, caricias, palmaditas, etc. Les encanta cuidar animales. El tener una mascota propia puede ayudarles a satisfacer sus necesidades de tocar y comunicarse sin palabras.

Si su niño tiende a ceder cuando se lastiman sus sentimientos, déle algo de espacio. No lo reprima verbalmente. Un contacto ligero puede ser la mejor manera de lograr que vuelva a conectarse con el tema en cuestión después de recuperarse a solas.

Apoyando su canal visual

El canal visual es un medio muy efectivo para comunicarse con los niños CVA; así pueden recobrar el aliento que les quita la palabra hablada y el escuchar: escríbales notas.

Diviértase con su capacidad de transformar imágenes. Pueden ser estupendos jugadores de Scrabble, Memoria o juegos por el estilo.

Aliente cualquier interés por las artes, ya sea la fotografía, el dibujo, la escultura, el tejido o la talla en madera. Esto puede proporcionarles una manera de expresar sus sentimientos.

Encuentre actividades que impliquen ver algo juntos: dibujos suyos, un programa de televisión, un evento deportivo, una película, juegos de cartas, etcétera.

Apoyando su canal auditivo

Por sobre todas las cosas, sea paciente con el silencio de los niños CVA. Permita que se acerquen a usted con sus preguntas y sugerencias. Obligarlos a hablar puede hacer que se retraigan más.

Evite la plática ligera, ocasional, y las intrigas con ellos. Invítelos a que le comuniquen sus experiencias —se sentirán más cómodos al hablar sobre lo que han hecho, no al abordar sus sentimientos—. Si les hace una pregunta, permita que se tomen su tiempo para pensar. No adelante su pensamiento ni termine sus comentarios. Escuche todo lo que digan, incluso si cree saber lo que van a decir. Podrían sorprenderlo.

Ellos navegan por la vida planteando infinitas preguntas, buscando posibilidades y viviendo las respuestas. Sin importar lo mucho que presionen, no dé respuesta a sus preguntas. Oriéntelos de modo que vuelvan a dirigir su atención al interior de sí. A veces el silencio es la mejor opción para lograr lo anterior —o responder con un sincero "no sé".

Deje que ellos dibujen o jueguen con algo mientras conversan y permítales mirar lo que quieran. Procure brindarles imágenes o ejemplos concretos cuando les explique un concepto abstracto o nuevo.

Sea veraz y literal cuando hable con ellos. No exagere a menos que la exageración sea clara. Dése cuenta de que son muy sensibles a los tonos de voz o palabras negativas. Si usted sabe qué decirles y lo hace correctamente logrará que la información se asimile profundamente.

Una manera de comunicarse efectiva e íntimamente es escuchar la música que ellos prefieran.

Ayudando a los niños CVA en casa

Por lo regular, los niños CVA son entusiastas con las actividades escolares que les permiten expresar su energía y coordinación física —educación física, arte, el taller de carpintería y el laboratorio de ciencias—. Los métodos de aprendizaje tradicionales, auditivos y visuales, no satisfacen plenamente las necesidades educativas de la mayoría de ellos; la escuela los deja sumidos en confusión y derrotados, o listos para dejarse llevar por su exceso de energía. Estos niños desean participar activamente en cualquier cosa; quieren hacer, quieren saber cómo deben hacer las cosas, quieren ser hábiles. Necesitan silencio para asimilar a fondo la información. La escuela no proporciona estos requerimientos. Sus capacidades son malinterpretadas y permanecen mucho tiempo sin ser explotadas.

Como padre, la mejor manera de apoyar a sus niños es proporcionar la ocasión para actividades físicas, el silencio y la soledad. Al dirigir su energía física a la práctica de algún deporte u otra actividad extraescolar, ellos incrementarán su capacidad para concentrarse en la tarea.

Cuando estos niños regresen de la escuela, comprenda que pueden necesitar de mucha tranquilidad para equilibrar su típico día escolar rico en palabras. Propicie las salidas al campo o los momentos de soledad en su recámara, donde puedan escuchar su música sin interrupciones.

Cuando sea posible, procure que experimenten con lo que aprenden por medio de viajes y experiencias manuales: ésos son sus mejores maestros. Si estudian el programa espacial, llévelos al planetario para que se suban a una cápsula verdadera y se sienten detrás del panel de control, o busque un video que proporcione esa sensación.

Cuando auxilie a su niño con el estudio, procure seguir los patrones "experimentar, ver, escuchar" y "hacer, demostrar, decir". Para estudiar ortografía, por ejemplo, dibuje las letras en su espalda para que puedan sentirlas. Durante este proceso ellos pueden ver las palabras en su mente antes de que usted las pronuncie. Después haga que escriban y repitan las palabras para completar el proceso.

Los niños que tienen este patrón deben ser enseñados a leer y escribir por medio del "sistema integral de experiencia lingüística". Procure que reciban esta aproximación en casa si la escuela omite sus elementos: haga que le cuenten historias que provengan de experiencias propias que quieran y puedan recordar. Su motivación crecerá en caso de que las palabras que escriban o lean sean precisamente las suyas. Escriba para ellos.

Deje que se muevan mientras leen. Las bicicletas estacionarias o las mecedoras pueden ofrecer la cantidad de movimiento necesaria para conseguir su concentración. Trate de que imaginen su participación en historias o invítelos a actuarlas. Es probable que al ilustrar la historia o tomar notas retengan mejor lo que han leído. Cuando tengan que hacer exposiciones orales, haga que se apoye con notas, guías que pueda usar en el transcurso de la exposición, y que puedan moverse. Repasar conceptos para un examen o para estudiar ortografía puede simplificarse si se utilizan juegos visuales o materiales gráficos. Un pizarrón montado en la pared podría convertirse en útil herramienta de estudio: repase los conceptos matemáticos haciendo ejercicios en el pizarrón, pues así sus cuerpos estarán de pie y activos durante el trabajo.

La mayoría de estos niños saben perfectamente que se ausentan cuando las personas hablan. Experimente hasta descubrir la mejor manera de tener sus manos y cuerpos activos, de modo que ellos permanezcan alertas al escuchar.

Ayúdeles a crear un lugar de estudio propio en el que se sientan cómodos y puedan moverse. Apóyelos para que el espacio se ajuste a sus necesidades de frescura, aire y humedad.

☆☆☆

En suma, estos viajeros de la imaginación necesitan oportunidades para explorar activamente sus muchos intereses, apoyo para encontrar vías creativas de expresión a sus sentimientos y silencio para descubrir su propia voz.

Capítulo 7

Los niños VCA: la experiencia de ver y sentir

Visuales-Cinestésicos-Auditivos

La Manera más Fácil de Aprender: Ver/Experimentar/Escuchar. La Manera más Fácil de Expresarse: Demostrar/Hacer/Decir

Resumen del patrón

Usted podría quedar estupefacto por la decidida energía de los niños VCA. Parecen beber el mundo a través de los ojos y sentir todo lo que ven. En ocasiones, especialmente cuando forman parte de un gran grupo, pueden ser bastante retraídos y callados. En otros casos, pueden hablar mucho, contar largas historias personales muy difíciles de seguir. Sus palabras viajan en círculos y nunca parecen llegar al punto central. Para hablar, deben usar las manos o moverse.

A veces tienen dificultades para tomar decisiones por sí mismos; pueden ser absorbidos por las multitudes. Cuando las cosas no resultan como ellos esperan, pueden recurrir al gimoteo.

Ellos tienen excelente coordinación ojo-mano; aprenden fácilmente al ver a otra persona hacer las cosas. Son buenos colaboradores, socios; prefieren trabajar en grupos o equipos a hacerlo independientemente.

Características visuales

Estos niños son visualmente meticulosos; suelen querer que sus ropas, posesiones y ambiente se ajuste a una imagen interna que tratan de recrear. No pueden pensar bien con el desorden visual. La mayoría tienen escritura legible, buena ortografía y buena capacidad para editar. A muchos les gusta dibujar y diseñar cosas en detalle. Se inclinan a depender de recordatorios escritos, listas, instrucciones y direcciones para mantenerse organizados.

Logran contactar mejor con los demás al hacer contacto visual. Por lo regular mantienen el contacto firmemente, pero sus ojos deambulan si escuchan demasiado tiempo. Tienden a mirar hacia arriba cuando piensan y podrían cerrar los ojos para escuchar con atención.

También recuerdan mejor lo que han visto o leído. Recordarán el rostro de las personas, pero no sus nombres. Aprenden mejor al ver una demostración o al leer las instrucciones y después hacer algo, *sin que les digan cómo hacerlo*. Si en el proceso se confunden, pueden preguntar o requerir alguna explicación.

Si usted le enseñara a atar las agujetas de sus zapatos, por ejemplo, sería mejor mostrarle primero sin describir las acciones. Luego deje que lo haga solo, a su propio ritmo y gusto repitiendo el proceso. Sólo si hace preguntas usted debe hablarle durante el proceso, ya que, de no ser así, puede causarle confusión.

También es importante que ellos sepan que pueden practicar y cometer errores en el proceso de aprendizaje sin ser criticados. Las palabras agresivas o ridiculizantes pueden dar al traste con el proceso de aprendizaje en su conjunto.

Algunos de ellos son lectores voraces, mientras que otros tienen problemas con la lectura durante toda su vida, dependiendo de cómo se les enseñe. Esto se debe a que sus canales visual y auditivo —los canales usados en la lectura— están separados por el canal cinestésico intermedio. Así que, a menos que sus manos, cuerpo, sentimientos o experiencias estén envueltos de alguna manera en el proceso, la lectura puede resultarles difícil. El método onomatopéyico rara vez es efectivo en razón de que a ellos se les dificulta recordar el sonido de las palabras. Un proceso visual decodificador, como el que utiliza tarjetas para identificar la forma y apariencia de las palabras, funciona mucho mejor. Les ayuda mucho el seguir lo que leen con el dedo. La lectura oral puede ser muy difícil y angustiante para ellos.

A estos niños les gusta tomar apuntes extensos. Para ellos es fácil escribir lo que escuchan casi al pie de la letra. Memorizan mejor si escriben algo repetidamente, así que no es raro que usted los encuentre pasando en limpio sus notas de clase.

Características físicas

Los niños VCA poseen excelente coordinación ojo-mano. Pueden sobresalir en videojuegos; les encanta estudiar las partes de un todo por separado y es común que se interesen vivamente por saber cómo funcionan las cosas, desde las máquinas complejas hasta el cuerpo humano.

La actividad física tiende a ser un escape emocional importante para ellos. Generalmente acumulan una gran cantidad de energía. Pueden ser buenos atletas que aprenden bien las actividades físicas cuando se les enseña gráficamente.

Los niños VCA pueden mostrarse renuentes a establecer contacto físico; necesitan de un contacto visual que le preceda.

Los niños con este patrón son muy conscientes de sus sensaciones corporales. Por lo tanto, sus sentimientos son accesibles sin dificultad. También es común que se apropien sentimientos y sensaciones que observan de quienes los rodean.

Pueden tener problemas para aprender a enfrentar el cúmulo de sensaciones y sentimientos que albergan. Necesitan descubrir vías de expresión efectivas para liberar sus emociones. Si no es así, se vuelven ansiosos y resentidos. Tienden a guardar resentimientos por mucho tiempo si no logran descubrir la manera de liberar sus emociones. Cuando se enojan, estos niños se expresan con miradas, gestos o notas muy agresivas.

La expresión de estos niños cobra vida cuando se mueven, pero sus rostros languidecen al hablar. Tienen que mover sus manos o cuerpos al hablar, puesto que el movimiento es el vehículo que les ayuda a exteriorizar las palabras.

La mayoría de los VCA prefieren unirse a los demás en el trabajo y en el juego. Son estupendos socios y ayudantes, aunque podrían dudar si tienen que tomar decisiones. Algunos pueden involucrarse mucho en la vida social, especialmente si se trata de chismes con respecto a los detalles emocionales de las personas.

Es común que tengan dificultad para la toma de decisiones, en razón de que se sienten inclinados en dos direcciones contrarias y vacilan antes de decidir. No es extraño que opten por seguir a la multitud en lugar de tomarse el tiempo necesario para hacer una clara elección propia. La experiencia suele ser la mejor maestra para analizar las cosas. Si pueden visualizar y experimentar opciones, se dan cuenta de qué les conviene. Si se toma una decisión por ellos, no se sentirán satisfechos y podrían recurrir a la queja.

Características de lenguaje

En grupos numerosos de lectura y discusión, los niños VCA tienden a ser parcos y reservados. Se les dificulta hablar en voz alta. Puede haber pausas entre las palabras o frases y es común que se sientan confundidos y ausentes cuando tengan que escuchar por mucho tiempo o cuando les preguntan sobre lo escuchado.

Por otra parte, cuando pueden echar un vistazo a las cosas, comienzan a hablar mucho. Los adultos pueden tener problemas para seguirles puesto que van y vienen con sus palabras en una modalidad que llamamos efecto de espiral; van de un tema a otro repetidamente, estableciendo relaciones discursivas que no son fáciles de comprender para el escucha; parece que nunca llegaran al punto deseado.

Los niños con este patrón de pensamiento utilizan un vocabulario visual abundante —palabras que pintan imágenes y frases, como por ejemplo, "mira, ve, muéstrame, imagina", "puedo ver el asunto", o "te veo pronto". Acostumbran hacer infinitas preguntas que no tienen respuesta. Si usted trata de responderlas, ellos reponen frecuentemente diciendo: "Sí, pero...".

También recuerdan durante mucho tiempo lo que les han dicho sobre su propia persona, ya sea positivo o negativo, y pueden sentirse afectados por la crítica verbal o los tonos de voz agresivos.

Retrato de los niños VCA

Anne recuerda: "Tiffany era una verdadera descarga eléctrica. Su joven y delgado cuerpo, coronado por una cabellera roja rizada y ojos de color azul eléctrico, parecía iluminar el cuarto en que se encontraba. Le gustaba almorzar conmigo; teníamos citas regulares cada jueves a las 12:15. Durante media hora, entre bocados, se convertía en conversadora inagotable, refiriendo sin parar todos los detalles de su vida: el bordado que su madre cosía en su vestido nuevo, las joyas que había visto en un aparador, el jerbo de su hermano, la visita de su tía favorita y la práctica de futbol soccer. Todo el tiempo sus ojos azules brillaban; las manos no dejaban de moverse.

"A Tiffany le gustaba hablar y descubrir que unas pocas personas tenían la paciencia necesaria para escuchar sus intrincados relatos que jamás parecían llegar a ninguna parte. Me fascinaba su esquema de pensamiento y me preocupaba su desempeño escolar. Le costaba trabajo poner atención en clase. Al preguntarle, podía dar por hecho que no tenía idea de la respuesta. Durante la clase yo la observaba; ella ponía atención al mínimo sonido que se producía en el aula. Su distracción parecía invencible. Pensé que no podría ayudarla.

"Le pregunte cómo se sentía en la clase de lectura. Ella respondió que deseaba mirar cualquier cosa antes que ver la página del libro. No lograba concentrarse en las palabras para poder comprender las historias; nunca había suficiente silencio y cada palabra que leía parecía hacer eco en su cabeza.

"Un jueves, cuando Tiffany llevó su charola al salón, yo manipulaba una caja de botones sobre el escritorio preparando el proyecto de arte de la tarde. Se acercó al escritorio y un botón grande de terciopelo morado captó toda su atención. Le pregunté si le gustaría quedarse con el botón y sus ojos se iluminaron al responder: '¡Claro que sí!' Le dije que ése era un botón especial que le ayudaría a concentrarse en clase. 'A veces ayuda el tener algo bonito en la mano para concentrarse en la lectura.'

"Al principio ella me miró desconcertada. Mientras frotaba la suavidad del terciopelo con su dedo pulgar, yo dije: 'Exacto; así es como debes hacerlo. Intentemos con esto durante una semana para ver qué pasa.'

"Algo tan simple como un botón ayudó a involucrar las manos, ojos y oídos de Tiffany en el proceso de la lectura. Al aumentar su autoestima, pasamos del botón a frotar su brazo y de allí a la respiración profunda."

Comunicándose con los niños VCA

Cómo apoyar su canal visual

La escritura puede ser una vía de comunicación más efectiva que la palabra hablada, de esta manera ellos asimilarán mejor lo que se intenta comunicar. Procure que escriban. Esto les permitirá concentrarse en sus pensamientos para comunicarse con menos rodeos.

El leer lo que han escrito ayudará a descubrir el significado coherente de lo que piensan. Puede ser que, en ocasiones, sus pensamientos se les presenten como meras frases aisladas. La escritura también puede servir para expresar los muchos sentimientos que guardan en su interior.

Al conversar con ellos míreles a los ojos tanto como pueda. Escriba lo que dicen para que el texto funcione como futuro referente. De no ser así, es probable que lo dicho se evapore en su mente. Procure que tomen notas cuando hablan por teléfono o durante cualquier otra conversación verbal. Además, escriba las preguntas que más les inquietan. Esto servirá para que piensen por sí mismos mientras viven las respuestas.

La mejor manera para que sus niños se den cuenta de que son importantes para usted son las notas, cartas, o cualquier otro recordatorio visual como las flores o regalos.

Cómo apoyar su canal cinestésico

Al estar tan pendientes de los sentimientos ajenos, estos niños pierden fácilmente el sentido de sí mismos. Debido a esto, es esencial que aprendan a reconocer sus señales y emociones corporales como elementos propios y distintos. De otro modo, con el fin de protegerse de esa hiperabundancia de sensaciones ajenas, podrían aprender a cerrar su receptividad sensitiva totalmente, perdiendo así el contacto con su propio cuerpo.

Trate de que sus niños se tomen el tiempo necesario para descubrir cómo se sienten. Haga que pongan atención a sí mismos con preguntas como: ¿Cómo te sientes ahora? ¿Qué te parece esto? Sugiérales que se muevan para descubrir sus respuestas.

El ritmo es cinestésico. Ayude a que ellos encuentren el suyo al enseñarles a aplaudir con un ritmo que represente su energía. Una vez que encuentren el ritmo, puede ser más fácil que encuentren sus propias palabras.

Aliente que sus niños descubran lo que quieren, no lo que creen que quieren. Sugiera que hablen consigo mismos frente al espejo para lograrlo. Cuando puedan ver sólo su imagen reflejada, podrán sentirse mejor que cuando están rodeados por los demás. La soledad les ayudará cuando se sientan atraídos en dos direcciones distintas simultáneamente.

Si no se les enseña a encontrar su propio estilo, estos niños pueden sentir que viven la vida de los demás. Para ellos es fácil asumir las conductas ajenas como propias.

Si no se conocen a sí mismos y a sus propios valores, pueden mostrarse demasiado inclinados a seguir a la multitud.

Cómo apoyar su canal auditivo

Los niños VCA son influenciados por lo que se dice de su persona. Asegúrese de que sus palabras y su tono de voz apoye positivamente su autoestima. Lo que usted les diga se alojará profundamente en su cerebro. Siempre que sea posible, la crítica debe ser escrita, no hablada.

Evite el sarcasmo con ellos. Su canal auditivo es muy literal. Asimilarán el tono de voz mordaz y podría darse el caso de que no comprendieran aquello que usted dice.

Para estos niños es vital sentirse escuchados. Permita que se tomen su tiempo para hablar; sea paciente con sus palabras en espiral. Escuche de verdad y repita lo que ellos le dicen o escríbalo. Déjeles saber que lo que dicen le importa.

Ellos necesitan preguntar mucho. No les responda. En lugar de ello, haga que su atención regrese a sí mismos —a sus propias palabras, experiencias y puntos de vista—. Permita su silencio y soporte las pausas que interrumpen su conversación —no termine las oraciones, no los interrumpa ni ponga palabras en su boca.

Es más efectivo preguntarles: "¿Qué sientes sobre...?" en lugar de "¿Qué piensas de...?" Eso les ayudará a concentrarse en sus sentimientos. Al pedirles una opinión usted puede hacer que se ausenten. Ponga atención al momento en que miren alrededor. Puede estar hablando demasiado rápido, intensa o abstractamente. Cuando se traben al tratar de explicar algo, invítelos a que le muestren con las manos lo que quieren decir.

Ayudando a los niños VCA en casa

La escuela puede ser una mezcolanza indescifrable para los niños con este patrón de pensamiento. A veces son buenos lectores que tienen problemas para acceder a la lectura y articular lo que han aprendido. Pueden ser escritores creativos y competentes. Desafortunadamente, el énfasis educativo en las clases orales disminuye su confianza y habilidad para aprender.

Como padre, usted puede apoyar la autoestima de su niño al respetar su sensibilidad auditiva y ayudarle a construir sobre la base de su sensibilidad visual. Cuando los niños lleguen a casa provenientes de la escuela, comprenda que muchos pueden requerir de mucho tiempo para equilibrar su persona después de pasar un día predominantemente verbal. Otros podrían necesitar que se les escuche. Tal vez la casa sea el único lugar en donde puedan ser escuchados cómodamente. Tal vez necesitarán integrar en voz alta lo aprendido durante el día. Sea paciente con sus pausas y el patrón circular de sus palabras. Tome notas para ellos de manera que tengan una referencia visual de lo que han dicho. Procure que después ellos hagan lo mismo.

Apoye las habilidades de lectura de sus niños. Tienen buena capacidad para memorizar la apariencia de las palabras. Use las tarjetas visuales para ayudarles a aprender las palabras poco familiares. Señale las similitudes visuales que existen entre familias de palabras; eso les ayudará a aprenderse las familias enteras de golpe. Aliente el que estos niños formen imágenes mentales de las historias que leen. Esto es una habilidad natural en ellos, una habilidad que les ayudará a comprender y retener. Si no es así, pueden atascarse en el sonido de las palabras. Procure que sigan las líneas en el libro con ayuda de su dedo índice. Ofrézcales algo de comer mientras leen; esto puede resultar útil para evitar que se relajen o ausenten.

Haga de la lectura una actividad regular. Los niños con este patrón gustan mucho de que les lean. Vayan juntos a la biblioteca. Ayude a que los más pequeños encuentren los libros que coincidan con sus más vivos intereses.

Disponga un espacio particular para que expongan sus intereses y logros. Estos niños pueden ser muy creativos al trabajar con las manos, así que es muy bueno incluir en este espacio proyectos artísticos, invenciones científicas, decoraciones, fotografías de lugares y eventos especiales, certificados, notas especiales, tarjetas o cartas que hayan recibido. El tener un espacio para exhibir estos objetos especiales podría ser más significativo que la congratulación verbal.

Ellos recuerdan mejor lo que han visto o experimentado. Relacione los conceptos nuevos con algo que hayan vivido o encuentre una imagen visual que en verdad ayude a su retención. Descubra la manera de que hagan cosas relacionadas con lo que aprendan. Haga que los conceptos matemáticos resulten obvios y útiles por medio de aplicaciones prácticas como la construcción, la cocina o la jardinería. Encuentre muchas oportunidades para que conozcan gente que use lo que ellos aprenden, de modo que puedan observar. Visite a científicos, artesanos, cocineros, mecánicos, y operadores de computadoras, por ejemplo.

Evite las explicaciones verbales largas cuando ayude a estos niños. Responden mejor a los ejemplos visuales, lo cual les proporciona el espacio necesario para intentar las cosas por sí mismos. Cuando la única opción consista en palabras, relacione lo que están aprendiendo con experiencias que hayan tenido, con el uso de imágenes visuales o con el contacto físico.

Las presentaciones orales pueden constituir una de la experiencias más angustiosas para ellos. Aconséjeles que preparen notas que les ayuden a concentrarse en lo que deben decir. También es muy útil el que apoyen su exposición en cartulinas, de manera que confíen en su capacidad para recordar palabras. Escuche sus prácticas y retroalimente lo que expongan bien. Ayude a que encuentren imágenes y experiencias vivas que recuerden al hablar, especialmente si se traban.

Ellos podrían ser incapaces de pensar en un ambiente visual caótico. Disponga junto con ellos un área de estudio que puedan mantener relativamente ordenada, decorada con el color adecuado para que puedan mirar sin distraerse.

☆☆☆

Ellos son seres extraordinarios que suelen enamorarse de lo que ven o de los pequeños detalles que usted tiene con ellos, de sus caricias frecuentes y notas de aliento, y todo aquello que represente lo que han hecho bien.

Capítulo 8

Los niños VAC: la preferencia por la demostración y el discurso

Resumen del patrón

Los niños VAC gustan mucho de la lectura y señalan todo lo que ven. En general suelen causar una buena impresión por el tipo de ropa que usan, la cual casi siempre es colorida, combinada y de muy buena hechura, elegida especialmente para verse bien. Estos niños suelen escribir listas con escritura legible. Generalmente suelen ser buenos estudiantes.

Son niños a quienes gusta contar historias; son muy persuasivos al hablar. Son maestros naturales y podrían tratar de convencerlo de cualquier cosa. Ponen mucho sentimiento detrás de las palabras y es posible notar su estado anímico por la mirada de sus rostros.

Estos niños tienen un sentido corporal más bien esquemático y pueden requerir de la repetición constante de una acción física para poder aprenderla. Tienden a rehuir los deportes competitivos. Pueden ser muy reservados con sus sentimientos; el contacto físico no resulta casual para ellos, así que siempre dudan antes de establecerlo.

Características visuales

Los niños VAC son abiertos, entusiastas y curiosos. Los ojos iluminan su rostro; pueden mantener el contacto visual sin dificultad durante la mayoría de las conversaciones. Disfrutan al mirar y recrear el detalle visual. Les gusta *mirar* las posibilidades, hojear catálogos, mirar aparadores o personas.

Los más jóvenes gustan de iluminar figuras en los libros para colorear; muchos prefieren la precisión de esta actividad a la pintura o el dibujo. También les agrada garabatear. Les atraen los juegos de mesa, de cartas, los rompecabezas y los juegos de palabras.

Ellos prefieren que su entorno esté limpio y ordenado, pero pueden aburrirse si mantienen ese estado de cosas durante mucho tiempo. Les agrada organizar visualmente los objetos de la gente y poner palomitas en listas cada vez que hacen algo. Suelen ofrecerse como voluntarios en la escuela o para ayudar a sus padres.

Estos niños no tienen problema para recordar lo que han visto o leído. Aprenden bien con las demostraciones, al igual que leyendo a solas o viendo diagramas y gráficas.

Generalmente, les gusta tomar notas, aunque probablemente no vuelvan a usarlas hasta el día anterior al examen, en caso de que lo hagan. Salen bien en los exámenes pues memorizan al leer, escribir y decir en voz alta lo que necesitan aprender. Pueden almacenar montones de detalles visuales y en ocasiones llegan a tener memoria fotográfica.

Ellos llegan a ser exhibicionistas que gustan de presentarse ante cualquier audiencia. Algunos pueden empeñarse demasiado en ser útiles, pues desean hacer y mantener una buena impresión en los adultos con quienes comparten sus vidas.

La mayoría de ellos son lectores ávidos; parecen dispuestos a devorar cualquier cosa impresa. Un método fonético común les sirve para aprender a leer. Para ellos, la lectura es la manera más eficaz de aprender algo. También son buenos para la ortografía y la edición de textos; su escritura tiende a ser clara y bien organizada con trazos limpios y legibles.

Los niños que tiene este patrón de pensamiento son los típicos muchachos que llevan escritos los sentimientos en el rostro. De hecho, al mirarlos, usted puede saber cómo se sienten, sin que ellos se den cuenta siquiera. Se les ilumina la cara cuando hablan pero se les oscurece al moverse.

Aunque ellos mantienen contacto visual casi constante mientras escuchan, suelen retirar la mirada para pensar y encontrar las palabras adecuadas. Tienen que cerrar los ojos para saber cómo se sienten o qué quieren hacer.

Características de lenguaje

En general, los niños VAC son muy sociables; les gusta hablar con sus muchos amigos y conocidos. Al entrar en una habitación llena de gente, generalmente miran a su alrededor buscando a alguien con quien hablar.

También pueden tener muy buena articulación. Denotan mucha energía y sentimiento en sus palabras. Las gesticulaciones suelen seguir a su discurso si quieren enfatizar algo. Les gusta enseñar y explicar cosas, y les encanta contar historias con lujo de detalle, usando muchas metáforas visuales para trazar el cuadro a sus escuchas. Los niños con este patrón pueden ser muy persuasivos con sus palabras, tratando de convencer por igual a niños y adultos para que vean las cosas a su manera. Cuando hablan, tienden a utilizar un vocabulario visual —palabras que presentan imágenes— como por ejemplo "mira, observa, colorido, muéstrame y brillante", y frases como "veo lo que quieres decir", "te veo más tarde". No es raro que usen muletillas como "um", "este", o "tú sabes", para hilvanar pensamientos.

Son muy buenos para el diálogo bidireccional. Durante sus conversaciones, dialogan ágilmente. A veces encuentran útil el pensar en voz alta en presencia de otra persona, para así poder decidir entre dos opciones o descubrir su propia opinión sobre algo.

A estos niños se les facilita el intuir los dos lados de la misma historia. A veces esto es frustrante para quienes los escuchan; podrían decir una cosa un día y algo distinto al siguiente, y estar de acuerdo con ambas afirmaciones. También pueden ejecutar dos acciones auditivas al mismo tiempo, como escuchar la radio y hablar por teléfono.

Cuando se les pregunta por sus sentimientos, su ritmo lingüístico se reduce considerablemente. Algunos se negarán a hablar, a menos que se sientan seguros y cómodos con el interrogador. Normalmente usted puede deducir mucho por el tono de su voz.

Estos niños sienten profundamente lo que escuchan. Los ruidos molestos o los tonos de voz desagradables pueden tener efectos de consideración en su estado emocional. La música puede cambiar su estado de ánimo o su nivel de energía; puede calmarlos o enardecerlos, deprimirlos o inspirarlos.

Características físicas

Los niños VAC suelen tener una concepción esquemática de sus cuerpos. En ocasiones, ¡casi llegan a olvidar que tiene cuerpo! Pueden sentarse durante largos periodos sin moverse. Pueden estar al tanto de cómo se siente su cuerpo a nivel general, pero es muy difícil para ellos extenderse al describir sensaciones corporales precisas. Pueden saber que les duele la pierna sin poder señalar con precisión el lugar en donde duele.

Los niños con este patrón son renuentes a competir físicamente. Prefieren actividades más libres, como caminar, nadar, andar en bicicleta o esquiar. No es raro que prefieran quedarse en el salón a leer o ayudar en lugar de salir al recreo.

Para ellos puede ser difícil aprender actividades físicas estructuradas. Éste es el momento que les hace sentir más deshabilitados durante el proceso escolar. Podrían sentirse torpes, raros al aprender con sus manos y cuerpos.

Suelen aburrirse mucho con las actividades repetitivas. Ellos pondrán al asunto sus variantes personales en vez de hacer lo mismo una y otra vez. Por esta razón, pueden tener problemas al tener que hacer lo mismo durante mucho tiempo. Para abatir el aburrimiento, suelen pasar de una actividad a otra y después regresar a la primera. Pueden cambiar de opinión frecuentemente, inclusive cuando ya están en medio de alguna actividad que ellos eligieron. A veces tienen dificultad para terminar lo que empiezan. Esto puede ser, en parte, porque tienen problemas para estimar la cantidad de tiempo que se requiere para hacer algo.

El tacto no es natural para ellos. El contacto físico, positivo o negativo, tiene un profundo impacto en ellos. Tienden a ser tímidos cuando se trata de cualquier tipo de contacto, a menos que conozcan muy bien a la persona. El contacto invasor puede resultarles muy difícil de afrontar y puede dejar impresiones duraderas y dolorosas en su mente.

Son niños que sienten las cosas profundamente, pero son muy reservados con sus sentimientos. Les afectan las palabras que remiten a emociones. Cuando se enojan, pueden expresarlo con una mirada de odio, un gesto agresivo o escribiendo desagradables notas.

También se relajan y ausentan cuando se les ofrecen posibilidades de acción, cuando se les pregunta qué sienten, cómo han hecho algo o cuando se les toca.

Retrato de los niños VAC

"Cathy era una estudiante modelo de mi clase del quinto grado", recuerda Anne. "En ocasiones llegaba a sentirme inútil como su maestra. Entró al quinto grado con todos los conocimientos necesarios, leyendo mejor de lo requerido, sabiendo los procesos y hechos básicos de las matemáticas y escribiendo con estilo y creatividad. Mantenía su escritorio limpio, sus trabajos estaban bien organizados y los entregaba a tiempo; nunca tuve problemas para leer su escritura. Ella era la niña que los demás miraban cuando nadie sabía la respuesta. El mundo académico de Cathy consistía en reprimirse un poco para no parecer demasiado lista o ser considerada como 'una matada'.

"El momento más memorable que pasé con ella sucedió cuando se me acercó para tratar algo sobre un proyecto científico. Había leído en algún libro que los huevos se convierten en pollitos y fue lo suficientemente curiosa como para ir a la granja local y procurarse algunos huevos. Sus padres le ayudaron a construir una incubadora. Ella quería saber si los demás alumnos del grupo podrían asistirla en el proceso, puesto que los huevos debían voltearse dos veces al día. Durante ocho semanas fuimos los custodios de media docena de huevos. Los ojos de Cathy brillaban mientras nos enseñaba a atender esos huevos. Nos ayudó a imaginar lo que sucedía dentro de esos cascarones. El día en que los polluelos salieron del cascarón, fue casi milagroso. Literalmente, el aprendizaje de Cathy cobró vida para ella y para todos nosotros."

Comunicándose con los niños VAC

Cómo apoyar su canal visual

Los niños VAC quieren ser vistos y escuchados, y ser apreciados por lo que han leído, escrito y creado visualmente. Les encanta la correspondencia, tanto recibirla como enviarla. Mándeles cartas, tarjetas y fotografías; déjeles notas en lugares sorpresivos. Aliéntelos para que escriban a sus amigos y familiares. Obtienen un gran placer de la escritura cuando saben que alguien leerá sus textos.

Escribir también les ayuda a que se concentren en su pensamiento. Converse con ellos utilizando la escritura, especialmente si algo parece confundirlos. Enséñeles los beneficios que se obtienen al escribir un diario. Haga que escriban recordatorios sobre lo que quieren hacer, leer, comprar, decir o aprender. Ayúdelos a encontrar un lugar para poner estas listas de modo que puedan verlas cuando se sientan abrumados por la multitud de opciones. También procure que escriban lo que han hecho para que puedan verlo. Esto les ayudará a tener en mente sus logros.

Si quiere que ellos recuerden algo, déjeles una nota. Al darles instrucciones verbales y escritas se puede lograr un efecto más satisfactorio.

Comprenda que para ellos es muy importante el aspecto de las cosas. Dígales cuando note que han arreglado su recámara. Ayúdelos a elegir los estilos y colores adecuados en la ropa, para que ésta refleje una imagen personal positiva. Coménteles el efecto que su aspecto causa en usted.

El contacto visual es muy importante para ellos. Usted podrá estar seguro de que capta su atención si ellos le miran, pero no espere que mantengan el contacto indefinidamente —necesitan mirar otras cosas para pensar; los ojos les ayudan a encontrar las palabras—. A ellos las expresiones faciales les comunican mucho.

Procure que sus niños exploren la riqueza de la metáfora. Por ejemplo, averigüe cómo les fue en la semana con una pregunta como: "¿Esta semana fue como un viaje en la montaña rusa?" Ellos son curiosos en cuanto a los patrones de su vida; la utilización de metáforas puede ayudarles a explorar estos patrones de manera rica y creativa.

Cómo apoyar su canal auditivo

Es común que los niños VAC necesiten mucho tiempo para hablar de las experiencias personales: lo que han hecho, cómo se sienten, lo que les gusta, o lo que ha sido difícil. Puede que no sepan a ciencia cierta cómo se sienten con respecto a nada hasta que hablen de todos los aspectos que involucre una situación dada. Normalmente no desean consejo ni acuerdo. Sólo quieren ocupar su tiempo al aire. Invítelos a decir lo que piensan y después escuche.

A ellos les encanta que los entrevisten; les gusta el diálogo y ayudar verbalmente a los demás para que puedan solucionar sus conflictos. Siéntese cara a cara con ellos. Hágales preguntas ricas e interesantes. Hábleles sobre el efecto que sus palabras tienen en usted. Sea veraz, incluso cuando se traten temas difíciles. Explíqueles las cosas utilizando la metáfora y la alegoría. Sea paciente y *no* los interrumpa cuando le digan lo que sienten. Estas sensaciones provienen de un estrato mental profundo, así que sus palabras pueden ser más lentas, con mayor pausa. Podrían tener que cerrar los ojos para lograr encontrar las palabras correctas.

Cómo apoyar su canal cinestésico

Los niños VAC sienten las cosas profundamente. Procure que dispongan de momentos de silencio y esté con ellos cuando integren sus cuerpos y emociones con el ambiente. Permítales expresar lo que sucede, no sólo con palabras, sino con lágrimas, risa o movimientos corporales. Por favor no les diga lo que deben sentir. Si usted nota una expresión o movimiento inusual, pregúnteles directamente, sin ambigüedades.

Si es posible, hagan cosas juntos siguiendo la pauta de ellos. Ayúdelos a aprender cuánto tiempo toma hacer las cosas. Por favor pregunte sobre lo que quieren hacer y trate de no imponerse. Evite hacer las cosas por ellos. Delegue responsabilidades en ellos y hágales saber las consecuencias de no terminar a tiempo.

Sea paciente al enseñarles actividades físicas. Invítelos, no los obligue a aprender algo de este tipo. Hágales saber que su método es sólo una opción. Luego, acepte sus peculiaridades en el momento de aprender por su cuenta. Haláguelos verbalmente por su progreso y esfuerzo. Procure que practiquen lo que aprenden por sí mismos, a su propio ritmo. Permítales ser tan reservados como quieran con respecto a su nueva habilidad física.

Apoye a sus niños a dar seguimiento a lo que dicen que van a hacer. Haga una gráfica, lista o diagrama que les recuerde visualmente aquello con lo que se han comprometido. Procure que se tracen objetivos razonables para que sientan la satisfacción de completar las tareas. Ayúdeles a dividir las grandes tareas en fracciones más pequeñas. Asegúrese de que sus actividades sean rotativas; podrían no ser constantes si deben someterse a una actividad rutinaria. Ayúdeles a encontrar frases o imágenes que motiven su acción; ponga estos objetos motivantes en donde puedan verlos fácilmente. Procure que se premien con algo visual o verbal por cada logro. Asegúrese de que se recompensen cuando hayan terminado las labores acordadas.

Ayudando a los niños VAC en casa

De todos los niños, los VAC son quienes aparentemente necesitan menos ayuda en casa. Tienden a ir bien en la escuela porque se ajustan a los procedimientos educativos tradicionales, que son en gran parte procedimientos demostrativos y discursivos. Estos métodos coinciden plenamente con su patrón de pensamiento y satisfacen la mayoría de sus necesidades educativas. De cualquier forma, puede ser que su aprendizaje no sea muy profundo: ellos hacen buenos exámenes, sacan buenas calificaciones, pero es posible que no retengan mucho tiempo lo que han “aprendido”. Casi siempre les falta aquello que hace vivir al conocimiento para todos nosotros —la actividad cinestésica, el componente experimental—. Si su niño es un aprendiz, no confunda los dieces en la boleta de calificaciones con un aprendizaje sólido.

Como padre, usted puede apoyar efectivamente la completa integración del aprendizaje de su hijo al encontrar maneras que le permitan participar de manera entusiasta en lo que estudia. Quizá la mejor manera es unirse a ellos. Trate de interesarse en lo que aprenden aunque no tengan problemas en materia alguna. Dedique tiempo a conversar sobre sus intereses particulares. Expanda la experiencia de los temas académicos cuando sea posible y... ¡Diviértase! Si estudian astronomía, por ejemplo, vayan al planetario, póngale el nombre de su hijo a una estrella o duerman bajo las estrellas en una noche clara.

Lean juntos. Léales o haga que lean el libro que les han encomendado y discútanlo.

Tómese el tiempo necesario para escuchar lo que estos niños escriben. Les ayuda a detectar errores el escuchar sus palabras en voz alta.

Puede ser que no se concentren en un ambiente visual caótico. Ayúdelos a disponer un lugar que puedan mantener relativamente arreglado. Aliéntelos a que sólo lo decoren con los objetos y colores necesarios para mantener su atención. Disponga un lugar especial para exhibir los logros que obtiene, dibujos, calificaciones o fotos.

Apóyelos en sus actividades de enseñanza y en sus discursos. Invítelos a que cuenten sus historias favoritas. Cuénteles las suyas. Practique el debate con ellos. Al principio estarán de acuerdo con los dos puntos de vista sometidos a discusión. Al hablar, ellos pueden darse cuenta de lo que más les conviene.

Suelen abrumarse en cuanto a el uso del tiempo. Tienden a ser indecisos y no suelen juzgar adecuadamente cuánto tiempo tomará una labor específica. Al igual que con las demás responsabilidades, ayúdeles a fraccionar los proyectos en tareas más pequeñas para que se impongan tiempos realistas. Procure que su vida sea variada. Y de nuevo: no olvide las gráficas, los motivadores y recompensas.

Al trabajar en proyectos, ellos imaginan en detalle cosas que sus manos no pueden crear fácilmente. Trate de que planeen presentaciones sencillas.

Frecuentemente, son hábiles en el manejo de una computadora. Les ayuda a tomar en cuenta detalles visuales y les permite escribir y editar sin dificultad. Si es posible, procure que conozcan las computadoras a temprana edad.

☆☆☆

En suma, con estos niños que quieren iluminar al mundo entero, lo más importante es que les dé un lugar para brillar a sus anchas, un oído paciente mientras exploran sus sentimientos y aliento para que penetren lo suficiente hasta descubrir el sentido del propósito y la visión a futuro.

Capítulo 9

Colaborando para crear un futuro posible

Érase una vez un ciego que se perdió en un bosque inmenso. Vagó de árbol en árbol totalmente desorientado, hasta que llegó a un claro. Ahí tropezó con una raíz y cayó al suelo. Se tomó de la raíz y trató de incorporarse, pero escuchó un "Ouch". Parecía que lo que sostenía en la mano no era una raíz, sino el pie de una anciana minusválida que estaba recostada en el suelo.

"Perdone usted", dijo el ciego, "¿Quién es y qué hace aquí?"

La inválida respondió: "He estado aquí por mucho tiempo. Tal vez desde siempre. No puedo caminar y por ello he estado aquí tirada deseando morir."

El ciego se puso de pie. "También llevo mucho tiempo en este lugar, deambulando, perdido y solo, tratando de encontrar la salida." Los dos suspiraron desesperados, hasta que la mujer dijo; "Tengo una idea. ¿Por qué no me lleva en hombros y me saca de aquí? ¡Yo puedo ver desde arriba y guiar nuestro camino!"

El hombre estuvo de acuerdo y siguió las instrucciones de la anciana; juntos lograron salir del bosque.

☆☆☆

Los padres y los maestros soportan muchas presiones en nuestros días. No es raro que nos sintamos perdidos en el bosque educativo, impotentes y desesperados. ¿Logrará la presión dividirnos hasta que lleguemos a ser enemigos o aprovecharemos la presión para construir una nueva alianza poderosa, visionaria, que lleve a nuestros hijos hasta el siglo XXI?

En este capítulo, me gustaría ofrecerle algunas guías que pueden servir para formar dicha alianza; así podrá implementar lo que aprendió sobre el funcionamiento de la mente de sus hijos, extendiendo esta sabiduría hasta las escuelas. Dado que los padres deben ser abogados de sus hijos durante toda la vida, espero que este capítulo le ayude a encontrar el valor para hacerse comprender y la comprensión para entender lo que es ser maestro de escuela en estos días.

Perdido en el bosque

Los padres quieren encontrar la manera de hacer la diferencia en la educación de sus hijos, es decir, quieren "entrar" en la escuela; los maestros quieren "salir". En estos días es común que nos encontremos en los extremos opuestos del bosque. Comencemos con la perspectiva de los maestros. Lo que yo relataré es sólo una de las miles de historias similares.

Mi esposo y yo impartimos un taller de fin de semana en la Costa Este. Uno de los participantes, Mario, había sido maestro de preparatoria por 10 años en una de las peores escuelas de la ciudad. Medía dos metros de altura. Su mente utilizaba el patrón VCA.

Cuando pienso en él, las palabras que se vienen a mi mente son preponderantemente tiernas. Hablamos mucho de su trabajo, de los niños a quienes enseñó y de lo difícil que fue porque nada era suficiente para ellos: no había suficientes libros; tenían que usar sus abrigos en clase porque la calefacción no bastaba; no había suficientes servicios que se necesitaban desesperadamente para los programas de rehabilitación.

Después del almuerzo, pusimos la canción "In the Living Years", de Mike and the Mechanics. Andy se sentó silencioso junto a Mario, quien comenzó a llorar.

Acababa de recibir una llamada telefónica en que le informaron que uno de sus estudiantes había sido muerto en un tiroteo suscitado en la cancha de basquetbol de la escuela. Se llevó las manos a la cabeza y no dejaba de murmurar: "Ya no soporto más. Ya no soporto más."

En los dos días siguientes al taller, nos contrató el encargado de la escuela para maestros, quien había conseguido una beca para que impartiéramos un seminario sobre los patrones de pensamiento. Me sorprendió que sólo se presentaran 11 miembros del personal especial. Los directores dijeron que no disponían de dinero como para pagar maestros sustitutos ese día, ya que habían asistido a un taller sobre legislación estatal el mes anterior.

El edificio en que impartimos el seminario era administrado por un grupo enorme de nuevas autoridades; su único interés eran las cuestiones administrativas. La habitación parecía decir, "suficiente". No se podía encontrar un sólo niño, pero sí había seis oficinas suntuosas para el personal, con varios títulos colgados de las paredes. El cuarto en que estábamos estaba lleno de costoso equipo audiovisual, incluyendo un pizarrón de 1 500 dólares que sustituía al tradicional pizarrón de corcho de 4.95 dólares. Inclusive tenía una copiadora para evitar que la gente tomara notas. (¡Mario me comentó que en su escuela no había una sola copiadora que atendiera las necesidades de 2 000 estudiantes!)

Éste no es un incidente aislado en la ciudad. Los maestros de todo el país se sienten frustrados. Una mujer que enseña ciencia en Colorado me llamó hace pocas semanas e insistió, "¡Odio lo GRANDE! ¡Lo que pasa es que en este país todo se divide en partes demasiado grandes! Mi grupo es muy grande. Enseño a tantos muchachos que me toma un mes aprender sus nombres. ¿Cómo puedo enseñar a un muchacho al que tengo que llamar diciéndole 'Oye tú'?"

Un maestro de matemáticas me llamó furioso de San Diego, para decirme que su escuela había gastado todo el presupuesto para materiales en un nuevo sistema que, supuestamente, era la solución indicada para elevar las calificaciones en matemáticas.

En toda escuela hay maestros que perciben intuitivamente que cada niño aprende de manera distinta. ¿Por qué no hacen caso a esos maestros? ¿Por qué no están a cargo de los programas de entrenamiento, desarrollo y compras en lugar de usar materiales caros que no sirven? ¿Quién concibe estos materiales de ornato? ¿Por qué no se interesan las escuelas por los métodos sencillos, genéricos, que inventan los maestros?

La experiencia de Anne confirma esta frustración: "He estado perdida en los dos extremos del bosque. Como maestra, yo era muy curiosa respecto de los estudiantes que enseñaba. Como cada septiembre entraban a mi salón 31 estudiantes, supe que necesitaba asociarme con sus padres para enseñarles correctamente. En la Escuela Abierta Nocturna le pedí a los padres que escribieran cualquier cosa que pudiera ayudarme a conocer a sus hijos: cómo aprendían, sus talentos, habilidades e intereses. Para mi sorpresa, obtuve muy poca información. Ahora comprendo que esos padres no pudieron creer que su sabiduría cotidiana, su experiencia, fuera valiosa para mí, la experta. A toda costa, ellos querían evitar que su hijo fuera considerado como problemático o que pareciera que no tenía ningún problema. La confianza entre maestros y padres se ha erosionado tanto que no se sintieron cómodos al responder una pregunta tan simple, pudiendo ofrecer valiosas respuestas.

"Como padre, con la intensidad de una típica madre primeriza, me fascinaba el esquema ACV con que mi hijo Brian se relacionaba con el mundo. Sin importarme la comprensión de los patrones de pensamiento, me olvidé de lo que mi hijo debía ser y dediqué el tiempo a observar. Me fascinaba su amor por las palabras y lo rápido que las aprendía. En vez de esperar que fuera infantil, físicamente dotado desde el principio, lo acompañé en el camino de afrontar los retos físicos. Noté lo absorto que se quedaba cuando una imagen atrapaba su atención. Al comprender los patrones de pensamiento pude apoyar sus vías naturales de aprendizaje.

"Inclusive ahora que ya tengo más de cinco años de experiencia con él, ahora que estoy consciente de las cosas que aprende fácilmente y las que lo frustran, cuando entró en un jardín de niños público, me sentí ansiosa al estar fuera del salón de clases. Me aterrorizaba pensar que el amor natural por la vida y el aprendizaje que mi hijo sentía, fuera destruido por 'el sistema'. Me sentí impotente al afrontar esta posibilidad. Aun con lo mucho que he estudiado, he sido renuente a proporcionar información sobre cómo aprende Brian. Me digo que no quiero presionar o presentarme como experta, inclusive con mi propio hijo, porque pienso que esto molestará a su maestro y podría desquitarse con él.

"Siento en carne propia los resultados de una vieja idea: que los padres y maestros son adversarios en una competencia muy importante y que yo, por el bien de mi hijo, debo darle ventaja a esos 'expertos' en aprendizaje. Así que le doy potestad al sistema y rezo, rezo para que no lo destruyan, rezo para que alimenten su mente en lugar de dañarlo, rezo para que lo conozcan tan bien como yo."

El lugar de reunión

Anne no está sola. Cuando la mayoría de los padres entran al salón de clases para la primera reunión del cuerpo académico con los padres de familia, y se sientan en esa sillita que está cerca del gran escritorio, parecen olvidar todo lo que saben de sus hijos, como si se pasara una esponja húmeda sobre el pizarrón. A pesar de que son adultos, se olvidan de su inteligencia.

Las escuelas están organizadas para enseñarnos a dejar la responsabilidad al experto —el maestro, el director, los especialistas—. Nos enseñan a desconfiar en que somos buenos aprendices, a menos que una determinada calificación lo certifique. No sabemos cuánto tiempo podemos pasar haciendo algo o si nos interesa porque hemos sido entrenados para responder órdenes, directrices que provienen de fuentes externas. Terminamos un proyecto cuando suena la campana, no cuando nuestro interior lo indique.

Como adultos, la mayoría hemos pasado al menos 12 años sometiendo nuestro balance interno a la consideración de los maestros. Tan pronto como entramos al salón de nuestro hijo, algo vuelve a desatarse en nuestro interior: creemos otra vez que una persona extraña sabe más que nosotros. Inconscientemente adquirimos posiciones defensivas y vulnerables. La escuela nos enseña a ser reactivos, no activos.

De hecho, todos nosotros somos maestros. Todos enseñamos algo a alguien —cómo manejar una máquina, cómo sembrar en un jardín, a coser calcetines, etc— Cuando usted asiste a una conferencia en la escuela de su hijo, recuerde que hay un maestro en su interior; eso le ayudará a ser dueño de su centro de equilibrio.

Los niños también son maestros, pero suelen estar ausentes en sus conferencias, siendo que los temas de discusión son su aprendizaje, vida, mente, emoción y problemas. Esto me hace pensar en las pequeñas esculturas chinas talladas: las "Muñecas Doctor": Tienen forma de mujer, y el marido lleva esas esculturas al doctor y señala el lugar en que le duele a su compañera, describiendo los síntomas tan bien como puede. ¡Ésa no es la mejor manera de remediar lo que está mal!

Los niños de hoy necesitan mentores, personas que se preocupen y auxilien su espíritu. Los padres y maestros pueden aprender si establecen una alianza. El objetivo es simple: ¿Cómo puede ayudar a que sus hijos aprendan a confiar en su mente, a amar el aprendizaje y trabajar con calidad? En lugar de atribuir el éxito a las capacidades innatas que unos tienen y otros no, debemos esperar que todos los niños aprendan si se les proporciona el ambiente y la instrucción adecuados.

El resultado de la educación no debe ser producir mejores escuelas, sino que los estudiantes aprendan mejor. Por lo tanto, el tema de la conferencia debe ser la mejor vía para enseñar a su hijo. En lugar de hablar de objetos inanimados y de hacer mejoras físicas, los alumnos deben participar en esta alianza. Considere la posibilidad de decirle al maestro de su hijo que usted quiere que el niño asista. Ya que estén allí, el común denominador debe ser cómo funciona la inteligencia de su hijo y cómo explotar su capacidad al máximo. ¿Cuáles son las metas y cómo pueden lograrse?

Usted debe abogar por su hijo en la escuela. Usted sabe cosas que nadie más sabe. Comience por recordar que el aprendizaje es natural para los niños. Sus cerebros son máquinas para aprender. La mayoría de los niños aprende más en el recreo o en las vacaciones de verano que en las clases. Necesitamos explorar las condiciones para que cualquier niño maximice su aprendizaje. Aquí es donde entra usted, porque usted puede observar el comportamiento de su hijo en muy diversos ambientes. ¿Dónde se muestra más alerta? ¿Dónde obtiene lo mejor de su capacidad?

Por ejemplo, usted sabe que para muchos niños el sentarse inmóviles constituye el peor castigo; necesitan estar de pie, en movimiento para aprender —el movimiento ayuda a que su cerebro procese la información—. Por ejemplo, no es extraño que un niño que camina y mira al techo esté profundamente concentrado. Si ése es el caso de su hijo, necesita comunicarlo al maestro, quien puede no disponer de esta información y tal vez siga pensando que los niños deben sentarse y mirar el pizarrón para poner atención. Usted sabe que no se debe impedir el movimiento de su hijo; es alentador que la información esté siendo procesada, al igual que sucede cuando la computadora zumba. O si su hija se abruma cuando tiene que escribir tareas largas, usted sabe que no es que sea floja, sino que su mente necesita más tiempo para procesar la información visual.

Usted puede enseñar al maestro de su hijo sobre el patrón de pensamiento de su niño, pero primero necesita darse cuenta de cuál es la manera más efectiva para enseñarle. Algunos maestros pueden sentirse agredidos cuando usted les ofrece esta información. Pero debe hacerlo. Como dijo el dramaturgo Edwin Friedman; "La gente escucha al acercarse a uno, nunca cuando se les persigue".

Luchar por un mismo objetivo: cómo establecer el diálogo

Los problemas no se dan *en* la gente sino *entre* la gente. Por lo tanto, las soluciones que buscamos no existen en el maestro, el alumno o los padres, sino entre ellos. Quiero compartir una imagen y un proceso que me parece útil para encontrar dichas soluciones.

Esta aproximación fue inspirada por un físico cuántico llamado David Bohm, quien desarrolló el método y la teoría del diálogo. Él usa el término "diálogo" en un sentido distinto al de conversación bi-direccional o discusión. Se trata de un proceso que se da entre la gente cuando tratan de suspender la certidumbre en conjunto. La imagen que él proporciona es la de un arroyo que fluye entre dos bancos de arena.

Yo lo imagino así: Usted, el padre, está sentado en una orilla del arroyo, el maestro en la otra. Su hijo se sienta sobre un pequeño puente que cruza el arroyo. El arroyo es el diálogo entre ustedes, fluyendo en la misma dirección a pesar de las perspectivas. Sus pensamientos y opiniones son como las hojas que flotan en la corriente. Ocasionalmente, usted puede mirar el reflejo y ver la perspectiva de las dos partes.

Es obvio que esto difiere mucho del enfrentamiento. En ese caso, sus pensamientos son como piedras que cada quien tira a las aguas del arroyo. Eventualmente, estas piedras forman un dique que impide el avance de las aguas.

Lo que permite el funcionamiento del diálogo, es que la gente involucrada desea permitir que las ideas floten por un rato. No me refiero necesariamente a ponerse de acuerdo, sino a poner las ideas sobre la superficie del agua y observar cómo se mueven entre ustedes. Si existen diferencias, son las ideas las que producen el problema, no la gente. Esto le lleva a darse cuenta de que las ideas producen consecuencias indeseables y usted debe preguntarse, "¿Cuál es mi intención? ¿Qué queremos que pase ahora?"

También es necesario pensar en la persona que está sentada en el banco de arena opuesto, en este caso, el maestro, como si fuera un amigo o colega. Siendo así, ustedes cuentan con dos aliados de distinta opinión, no con dos enemigos o adversarios.

Obviamente, usted puede obligar a que el maestro o el niño participen del diálogo. A menos que hayan leído este libro o que conozcan las ideas de Bohm, ellos no tendrán idea de lo que usted quiere decir. Pero la imagen puede ayudarle. Puede plantear sus ideas específica y explícitamente. Ambos pueden abogar por el niño e intuir las necesidades del maestro. "Señor Pomposo, ¿qué podemos hacer para que Jerome se interese en aprender?" "Señora Polvodegís, hay un par de cosas que sé sobre cómo aprende mejor Lonnie; pueden servirle para que lo enseñado sea más efectivo y simple. ¿Cuál sería la mejor manera de compartir esa información con usted? ¿Qué podría yo hacer para apoyar lo que usted enseña al estar en casa?"

Si llega a un punto en que el diálogo parece estancarse, diga precisamente aquello que impide el diálogo. Puede comentar que necesita encontrar el modo de superar las barreras. Puede preguntarle al maestro qué requiere para cambiar de opinión.

Acabo de suspirar. Le pido demasiado. Desearía que fuéramos mejores para crear diálogos. También desearía que todos hubiéramos crecido con padres, maestros, estrellas de televisión y políticos propensos al diálogo y a la comunicación efectiva. Pero no fue así. Aunque el hecho de que no sepamos hacerlo no significa que no podamos pensar en ello. Todo lo que existe en este mundo —los puentes, los teléfonos, las esculturas y las sinfonías, la Declaración de los Derechos Humanos del Hombre y del Ciudadano— fue creado por alguien que se sintió frustrado por la situación reinante en su momento. Piense en estas ideas y úselas como entrenamiento antes de tratar de avanzar por un camino que sólo unos pocos han usado antes.

La influencia: la aproximación de una mariposa

En nuestros días, cuando la gente habla de los niños o de la educación, eventualmente llegan al tema del control: quién lo tiene, quién no, quién lo ha perdido. Los maestros y los padres se esfuerzan años enteros para obtenerlo. Los niños luchan años enteros para evitarlo.

Peter Senge, director de Centro de Aprendizaje Organizacional de MIT, ha dicho lo siguiente sobre el control: "La desesperanza, es decir, la creencia de que no podemos influir en las circunstancias que rigen nuestra vida, carcome la iniciativa de aprender, al igual que la creencia de que alguien, en alguna parte, determina nuestras acciones. Pero en este caso, el destino está en nuestras propias manos; nuestro destino se llama aprendizaje."

Cuando los padres, maestros y niños luchan entre sí, se debe a que sienten desesperanza con respecto a su capacidad de influir en lo que sucede, así que prefieren recurrir al control. ¿Cuál es la diferencia entre *influencia* y *control*? Para responder esa pregunta, me gustaría contarle una experiencia que puede ayudar para que el destino vuelva a estar en sus propias manos.

Aprendí esto del Sensei Lloyd Miyashiro, un maestro del arte marcial llamado Ki Aikido y de la escuela preparatoria de Kauai, Hawaii:

Haga que una persona extienda su brazo y cierre el puño. Si no hay nadie alrededor, hágalo con sus propios brazos. Primero trate de controlarlo *al intentar mover su puño.*

Probablemente notará que mientras más fuerza utilice, hay más resistencia o rebelión por parte del puño.

Ahora, intente de otra manera: use la influencia. Sitúe sus dedos pulgar e índice (de su otra mano en caso de que lo haga a solas)en cada lado de la muñeca del brazo extendido, tan ligeramente como si fuera una mariposa. Mientras más ligero sea el contacto, mejor. No trate de hacer nada, sólo respire y fíjese en qué lugar ya hay movimiento. *A menos que trabaje con un cadáver, habrá aunque sea un movimiento muy ligero.*

Fíjese cómo puede moverse con *ese puño por un rato y luego extienda la dirección del movimiento hacia cualquiera que sea su dirección natural. Todo con delicadeza.*

Después de unos minutos, probablemente le quedará claro que puede influir en la dirección del movimiento, especialmente si no empuja. Si trata de controlar, habrá rebelión y resistencia. Mientras más atento esté más posibilidades hay de influir en el movimiento. Es algo parecido al baile, y casi cualquier persona preferiría bailar a ser empujado.

Podría practicar este ejercicio mil veces sin dejar de aprender algo cada vez. Cuando lo haga, usted podría imaginar que la mariposa es usted y que el puño es el maestro de su niño. Mientras lo hace, permítase la pregunta, ¿Qué tal si esto es un símil de mi relación con el maestro? ¿Puedo imaginar el diálogo? ¿Cuál sería mi tono de voz? ¿Qué estaría haciendo? ¿Cuál sería la mejor manera de decirle lo que sé?" No tendrá que esforzarse por buscar las respuestas. Éstas llegarán por sí mismas.

He aquí otra posibilidad: ¿qué pasaría si aplicara los mismos principios a su mente en el momento que se traba y siente frustración?

Siga haciendo el ejercicio e imagine que el puño es su niño. Imagine que el ejercicio representa la lucha que mantiene para tratar de controlarlo. Por ejemplo: "Si éste es Simón cuando se rehusa a hacer la tarea y éste soy yo, me pregunto cómo podría influirlo. ¿Qué podría hacer para alentarlo?"

¿Se dio cuenta de que al empujar el puño su atención está puesta en la lucha, en el deseo de empujar? De manera similar, cuando se aplica la fuerza, los niños tienden a concentrarse en la lucha con "el tirano", no en su propia conducta. Disponen de muchas armas —la actuación, las drogas, la depresión, el suicidio, el embarazo—. Al igual que el puño, ellos resisten: "¡No podrás dominarme!".

Los maestros y padres no pueden comunicarse efectivamente si intentan controlar el modo de pensar de la otra persona o si pretenden forzarlo a estar de acuerdo con su punto de vista. No sirven como mentores, ni para alentar el aprendizaje, ni para hacer que los niños sean más responsables al recurrir al control o a la coerción. Una espada que choca con otra produce chispas; pero, ¿qué sucede si la espada choca contra el agua?

Siempre disponemos de varias alternativas cuando respondemos a nuestro hijo. En lugar de mangonearlos como si fuéramos jefes prepotentes, podemos ayudar a que los niños superen los obstáculos que se interponen en su camino haciendo trabajo de calidad. Si hay un problema de conducta, el niño tiene que ser guiado para que acepte la responsabilidad de resolver el problema. El adulto insiste en que hay una solución. "¿Qué hacías cuando comenzó el problema? ¿Violaste las reglas? ¿Qué podemos hacer para que no vuelva a suceder? ¿Qué puedo hacer para ayudarte? ¿Qué harás? ¿Qué pasa si no lo haces? ¿Qué consecuencias prefieres?"

Todos lo niños de la clase deben participar en el diseño de las reglas y estar de acuerdo con ellas y sus consecuencias. Todos deben firmar esas reglas. El maestro o padre no necesita castigar, pero sí debe asegurarse de que las consecuencias se cumplan. También los padres y maestros necesitan reglas como: "No se permite el sarcasmo, no se debe humillar a los niños ni criticar su persona. Escuche lo que tengan que decir."

Ahora reflexiono, años después, sobre algunas confrontaciones desagradables que tuve con mi hijo, con varios estudiantes y con algunos de sus padres. Me doy cuenta de que, cuando las aguas se calmaron, cuando mi ira se agotaba y las lágrimas ya se habían evaporado, no me sentía bien con mi actitud; de hecho me molestaba tanto como la actitud de las personas que confrontaba. Si me hubiera preguntado en el momento, es probable que no lo admitiera, pero ésa era la verdad.

Para algunos de ustedes esto puede resultar muy extraño en caso de que no los hayan tratado así. La mayoría de las personas siente extrañeza cuando cambian del control a la influencia. Pero la extrañeza es parte de lo nuevo, ¿o no?

Se supone que la raza humana debe evolucionar, volverse más eficiente, más humana, más compasiva. Nuestra cultura está llena de enfermedad, violecia y abuso. Si hacemos las cosas igual que se han hecho siempre, siempre obtendremos lo que hemos obtenido hasta ahora. Entre un impulso y un acto siempre tenemos tiempo para enmendar nuestra actitud y elegir la mejor opción. Desearía que mis padres y maestros hubieran preferido la mariposa y no la espada. Esperemos que nuestros hijos no terminen deseando que hubiéramos hecho lo mismo.

Esta edición se imprimió en Abril de 2011. Mexi Graph
Oriente 225 #232 Col. Agrícola Oriental México, D.F. 08510